C.H.BECK WISSEN

in der Beck'schen Reihe

Mehr als 360 Millionen Menschen auf der Welt bekennen sich zum Buddhismus. Doch wer war der Buddha, dessen Lehre von der Überwindung allen Leidens sich ab dem 5. Jahrhundert v. Chr. von Nordindien aus schnell in weiten Teilen Asiens verbreitete? Lässt sich seine Biographie historisch fassen? Was berichten die Legenden über sein Leben? Axel Michaels erzählt auf der Grundlage der ältesten buddhistischen Quellen die Lebensgeschichte des Siddhartha Gautama von der Geburtslegende über das Leben als Asket und die Erleuchtung unter dem Bodhi-Baum bis zur Gründung der ersten Gemeinde und zum Ableben des Buddha im hohen Alter. Das Buch beschreibt darüber hinaus die Grundlagen der buddhistischen Lehre, die Herausbildung verschiedener Schulen und die Geschichte der Buddha-Verehrung.

Axel Michaels, geb. 1949, ist Professor für Klassische Indologie an der Universität Heidelberg. Sein Interesse gilt vor allem der Geschichte von Religion und Gesellschaft auf dem indischen Subkontinent. Bei C.H.Beck erschienen von ihm u. a. «Der Hinduismus» (2006) sowie «Die Kunst des einfachen Lebens» (2004).

Axel Michaels

BUDDHA

Leben, Lehre, Legende

Verlag C.H.Beck

Mit 7 Abbildungen und 2 Karten

Originalausgabe

Satz: Fotosatz Reinhard Amann, Aichstetten
Druck: Druckerei C.H.Beck, Nördlingen
Umschlagentwurf: Uwe Göbel, München
Umschlagabbildung: Goldener Buddha, Bodhgaya, Indien
Printed in Germany
ISBN 978 3 406 61222 0

www.beck.de

Inhalt

Vorwort

Der Buddhismus versteht sich als Weltreligion, denn im Unterschied zu anderen in Indien aufgekommenen Religionen (Hinduismus, Jinismus, Sikhismus) ist er eine werbende und missionierende Religion. Seine Schriften sind in zahlreiche Sprachen übersetzt worden, und seine universale Botschaft richtet sich an alle Menschen.

Tatsächlich bekennen sich zum Buddhismus etwa sechs Prozent der Weltbevölkerung oder mehr als 360 Millionen Menschen. Er ist in über achtzig Ländern verbreitet, vor allem in Japan, Sri Lanka, Vietnam, Burma, Kambodscha und Tibet. In Thailand und Bhutan ist er sogar Staatsreligion. China und die Mongolei hat er religiös und kulturell nachhaltig beeinflusst. Im Westen gewinnt er an Beliebtheit.

Im Zentrum des frühen Buddhismus steht jedoch eine asketische, bisweilen weltflüchtige Lehre, die nur Menschen ganz umsetzen können, die bereit sind, dem aktiven Leben zu entsagen und Mönch zu werden. Diese Spannung zwischen monastischem und laikalem Buddhismus führte zu der immer wieder gestellten Frage, ob denn der Buddhismus überhaupt eine Religion oder nicht vielmehr eine atheistische Erlösungslehre sei. Im Laufe der Zeit entwickelte der Buddhismus aber so viele Merkmale einer Religion mit Stifter-, Heiligen- und Reliquienverehrung, Priestertum und Ritualen, dass diese Frage als hinfällig gilt, auch wenn es eine Gemeinde aller buddhistischen Laien oder eine umfassende Klerikalisierung nach wie vor nur in Teilen gibt.

Dies alles geht, auch in seinen Widersprüchen, sehr wahrscheinlich auf *einen* Menschen zurück: Gautama, der zum Buddha, das heißt zum «Erwachten», wurde. Viel ist nicht bekannt über das Leben dieses Stifters. Und doch sind einige Hagiographien überliefert, die wohl einen Kern historischer Tatsachen enthalten. In diesem Buch konzentriere ich mich auf diese Texte, die den frühen Buddhismus geprägt haben. Die Übergänge zu späteren Entwicklungen und Verzweigungen sind fließend, aber das 3. Konzil, das etwa 250 v. Chr. unter der Herrschaft des Königs Ashoka stattfand, gilt üblicherweise als das Ende des frühen Buddhismus.

Mein Buch, das wenige Passagen meines mit Ulrich Luz veröffentlichten Bandes *Jesus oder Buddha – Leben und Lehre im Vergleich* (C.H.Beck 2002) aufnimmt, ersetzt keine umfassende Einführung in die buddhistische Lehre, Religion und Philosophie. Es behandelt den Mahāyāna-Buddhismus und andere Entwicklungen des Buddhismus nur am Rande. Wohl aber versuche ich, den historischen Buddha – nachfolgend ist dieser gemeint, wenn «Buddha» mit Artikel erscheint – mit seinen Grundlehren und Wirkungen zu erfassen.

Ganz besonderen Dank schulde ich meinem Freund Mudagamuwe Maithrimurthi, der mir mit vielen Hinweisen und Verbesserungen geholfen hat. Ebenso danke ich meiner Heidelberger Kollegin Birgit Kellner für die kritische Lektüre von Teilen des Manuskripts und zahlreiche Berichtigungen oder Präzisierungen. Eva Kahlmann danke ich für das gründliche Lesen des Manuskripts, Felix Loh für das Nachschlagen der Quellentexte und die Vereinheitlichung der Zitierweise sowie Niels Harm für die Zeichnung der Karten. Erneut bin ich Ulrich Nolte für die hervorragende Verlagsbetreuung verbunden.

Wenn nicht anders angegeben, entstammen die indischen Wörter der Sanskrit-Sprache. Die entsprechenden Pāli-Ausdrücke finden sich in einer Konkordanz am Ende des Buches (S. 121–122). Alle Übersetzungen des *Udānavarga* stammen von Michael Hahn. Sofern nicht ausdrücklich vermerkt, sind die übrigen Übersetzungen meine eigenen. Im Interesse der leichteren Lesbarkeit habe ich mir erlaubt, die Texte teilweise zu straffen, ohne freilich in den Sinn einzugreifen, und bekannte Begriffe sowie die meisten Orts- und Personennamen in anglisierter Form oder vereinfachter Umschrift wiederzugeben.

I. Einführung: Der eine und die vielen Buddhas

Schon in frühen buddhistischen Texten folgt das Leben eines Buddhas einer Gesetzmäßigkeit, die für jedes der in der buddhistischen Kosmographie zyklisch wiederkehrenden Weltzeitalter gilt. Dabei entspricht die Menschwerdung eines Buddhas einem Muster von zwölf Taten, das im Grunde für alle Buddhas gilt: Der Bodhisattva, ein Erleuchtungswesen, das zu Gunsten der Menschheit auf das Nirvana verzichtet hat, residiert im Tushita genannten Himmel (1) und beschließt herabzusteigen, um die Welt zu retten (2). Er betritt den Mutterschoß einer ausgewählten Frau (3), wird geboren und sagt: «Ich bin der Herr der Welt. Ich bin der Beste der Welt. Ich bin der Erste der Welt. Dies ist meine letzte Geburt. Es gibt keine weitere Existenz» (4). Er bewährt sich in den Künsten und Leibesübungen und heiratet (5). Es folgt ein Leben im Palast oder Haus sowie die Abkehr vom alltäglichen Leben (6) und schließlich die Flucht aus dem häuslichen Leben (7), die Askese (8), dann Versuchung und Erkenntnis (9) mit anschließender Erleuchtung (10) und Predigt (11) und am Ende der Eingang in das Nirvana (12).

Dies ist im Kern die Geschichte von Buddhas Leben. Sie ähnelt sich in etlichen Quellen, und es gibt kaum Unterschiede zwischen seinen Lebensberichten und denen über seine Jünger. Von den Örtlichkeiten abgesehen stimmt der Lebenslauf des Buddha in etwa mit dem seines Schülers Yashas überein. Viele Begebenheiten sind darin ins Übergroße gesteigert und idealisiert. Die Orte der Geschehnisse sind symbolisch zu verstehen und tauchen in etlichen Geschichten und Mythen auf. So muss die Mitteilung, dass Buddha seine Erleuchtung unter einem Baum erlangte, nicht ein historisches Faktum sein, sondern ist vielleicht eher literarischen, erzähltypischen Erfordernissen zuzuschreiben. Ohnehin ist sein Leben, wie es überliefert ist, eher eine Versinnbildlichung seiner Lehre als historische Realität.

Lange Zeit gab es kein Interesse an einer an der Wirklichkeit orientierten Buddha-Biographie. Das Genre der Biographie mit der Betonung des Individuums war den vormodernen Zeiten fremd, und wären die Lehren des Buddha nur die Aussage eines Einzelnen, könnten sie ohnehin im buddhistischen Kontext kaum Wahrheit beanspruchen. Wichtiger als das wirkliche Leben Gautamas war für die Buddhisten denn auch seine Lehre. So fragt im *Milindapañha*, einem Pāli-Text aus dem 4./5. Jahrhundert, der König Milinda den Mönch Nāgasena:

«Ehrwürdiger Nāgasena, gibt es den Buddha?»
«Gewiss, Großkönig, gibt es den Erhabenen.»
«Ist es denn möglich, ehrwürdiger Nāgasena, über den Buddha anzugeben: ‹Hier oder dort ist er?›»
«Der Erhabene ist völlig erloschen, Großkönig, in dem von jedem Daseinsrest freien Element der Erlösung. Und deshalb ist es unmöglich, über den Buddha anzugeben: ‹Hier oder dort ist er.› (...) Durch den Körper seiner Lehre aber, Großkönig, kann man den Erhabenen aufzeigen, denn die Lehre wurde ja durch den Erhabenen verkündet.»
«Da hast du recht, ehrwürdiger Nāgasena!» (Mil 73)

Im frühen Buddhismus war der Buddha nur einer von vielen Buddhas in den wiederkehrenden Weltzeitaltern, und Buddhas Leben ist nur eines von vielen in wiederholten Reinkarnationen bis zu seiner Erleuchtung. Daran erinnern schon die Vorgeburtsgeschichten (*jātaka*) von Buddhas Taten als Bodhisattva und die Vorausschau auf zukünftige Buddhas. Nach indischen Vorstellungen werden Wesen geboren und wiedergeboren. Das Leben Gautamas ist demnach nur sein letztes, in welchem er zum Buddha wurde und die Erleuchtung erlangte. Dem ging eine Kette von Wiedergeburten in tierischer, menschlicher und göttlicher Gestalt und als Bodhisattva voraus.

Damit stellt sich das Problem der Geschichtlichkeit des Buddha. Die historischen Anhaltspunkte sind so gering, dass immer wieder die Frage gestellt wurde, ob der Buddha überhaupt gelebt habe. Émile Senart hat 1882 als einer der Ersten die Ansicht vertreten, dass alle Hauptpartien der traditionellen Berichte von Buddhas Leben nicht aus der Erinnerung der Nachgeborenen stammen, sondern einem alten Naturmythos von der leuchtenden Laufbahn des Sonnenheros folgen. Und Richard Otto Franke behauptete noch 1913 in der Einleitung zu seiner Auswahlübersetzung des *Dīghanikāya*, dass die historische Gestalt Buddhas hinter dem altindischen Mythos vom zu erwartenden Welterlöser verschwinde.

Solchen Zweifeln ist der Indologe und Buddhismusforscher Hermann Oldenberg (1854–1920) bereits 1881 mit seinem einflussreichen Buch über den Buddha entgegengetreten. Seine wichtigsten Argumente sind die Folgenden (in absteigender Plausibilität): Immer wieder wird Buddha im Pāli-Kanon als Sohn des Shākya-Geschlechts bezeichnet und damit historisch verortet; wäre den Autoren nur an einem transzendenten Buddha gelegen, dann wäre diese Bezeichnung widersinnig, zumindest aber überflüssig. Ebenso wird wiederholt das historisch unbedeutende Kapilavastu als Geburtsort des Buddha erwähnt, doch hätte man im Falle einer reinen Legende sicherlich einen bedeutsameren Geburtsort gewählt. Auch gab es schon zur Zeit Ashokas, um 250 v. Chr. und damit etwa drei Generationen nach Buddhas Tod, als die Erinnerung durchaus noch lebendig war, eine Inschrift, in der die Geburt des Buddha bestätigt wurde (siehe unten S. 22). Die frühesten Quellen sind wohl hundert Jahre nach seinem Tod verfasst worden. In diesem vergleichsweise kurzen Zeitraum kann die Erinnerung an einen Lebenden noch nicht völlig verblasst sein, denn dazu ist die Sprache des Pāli-Kanons zu direkt und schnörkellos. Doch auch Oldenberg hatte nur «Vertrauen in die Überlieferung», wenngleich er glaubte, dass in der Erzählung davon, wie Gautama zum Buddha wurde, «ein Stück historischer Erinnerung» bewahrt worden sei.

Ganz ausgeräumt sind die Zweifel an der Geschichtlichkeit des Buddha bis heute nicht. Zwar wird Oldenberg Recht haben, wenn er sagt, dass es Gautama gegeben hat. Wie wäre sonst die Überlieferung von konkreten Namen und Orten zu erklären? Aber viel mehr weiß man eben nicht, vor allem nicht, welcher Teil der Lehre ihm zuzuschreiben ist und ob er bewusst einen Orden gestiftet hat. Sicher hatte er ein Charisma, das so deutliche Spuren hinterlassen hat, dass es zur Ausarbeitung der wirkmächtigen Lehre und zur Organisation einer Weltreligion kam; aber auf welchem Wege dies geschah, muss rätselhaft bleiben, zumal die ihm zugeschriebenen Worte nicht seine eigenen sind. Selbst diese sind nur Übersetzungen: Der Buddha sprach vermutlich Māgadhī, einen östlichen mittelindischen Dialekt, die frühesten Überlieferungen aber sind in Pāli oder Sanskrit verfasst.

Mit den ersten mündlichen Kanonisierungen und der Verschriftlichung dieser Lehren setzt ein historisch besser belegbarer Prozess ein, der indes unabhängig vom Stifter ist. Auch die Buddha-Legende mag mit dem Buddha nichts zu tun haben, ist aber selbst ein historisches Faktum, greifbar in den Texten, bildlichen Darstellungen und devotionalen Verehrungsformen.

Aus religionsvergleichender Sicht stellt sich zudem die Frage, inwieweit nicht jede Religion, die einen Stifterkult aufweist, früher oder später zu Vorstellungen kommt, in denen der Stifter zugleich als historischer Mensch, als Gott oder Gottgesandter und als Verkörperung einer Idee beziehungsweise Lehre erscheint. Wir haben diese Dreiteilung schon früh in der mahāyānistischen Drei-Leiber-Lehre vor uns, in der der Buddha als Mensch, als überirdisch-transzendentaler Buddha und als philosophische Idee der absoluten Buddhaheit erfasst wird. Diese Vorstellungen wurden spätestens im 4. Jahrhundert in der sogenannten Drei-Leiber-Lehre (*trikāya*) in die folgenden drei Stufen gebracht:

1. «Dharma-Leib» (*dharmakāya*): Der unstoffliche Leib des Buddha-Prinzips, der allen Buddhas gemeinsam ist. In ihm sind sie identisch und eins. Es ist «der in den Daseinsfaktoren bestehende Körper» und die Verkörperung des Absoluten und der Leere (*śūnyatā*), die nur in der vollendeten Weisheit (*prajñā*) realisiert werden kann.
2. «Genuss-Leib» (*sambhogakāya*): Der Leib der himmlischen Buddha-Erscheinungen und der fünf Emanationen (*tathāgata*) des Ur-Buddha. Die Genuss-Leiber sind nur spirituell erfahrbar, nicht aber mit den Sinnesorganen. Nur Bodhisattvas, die fortgeschrittene geistige Fähigkeiten entwickelt haben, können sie sehen. Diese Buddhas sind von Weisheit (*prajñā*) und Mitleid (*karuṇā*) geprägt. Sie haben einen «Genuss-Leib», weil es nur von der Sambhoga-Ebene aus möglich ist, in den Genuss (*sambhoga*) der Erlösung zu kommen.

3. «Leib der grobstofflichen Manifestation» (*nirmāṇakāya*): Diese Buddhas haben Fleisch und Blut, sind deshalb dem Altern usw. ausgesetzt, aber geistig dem Menschen überlegen. Es ist ihre letzte irdische Manifestation vor der Erlösung.

Tatsächlich ist die Buddha-Biographie selbst ein Versuch, den Buddha auch personal zu erfassen und zu erhalten. Als ein Bekenntnis zum Buddhismus gilt die dreifache Zuflucht zum Buddha, zu der Lehre und zu der Gemeinde. Wie aber ist eine Zuflucht zum Buddha möglich, wenn der Buddha mit seinem Nirvana doch restlos erloschen und damit als Person nicht mehr vorhanden ist? Diese Konstruktion wurde schon früh von vielen Anhängern als unbefriedigend empfunden. Man hat sie umgangen, indem man die Reliquienverehrung, meditative Visualisierungen und die Vorstellung von zukünftigen Buddhas zuließ.

Einen Kult um den historischen Buddha, wie er heute vorherrscht, hat es aber bis in das 20. Jahrhundert hinein nicht gegeben. Am Ende des 18. Jahrhunderts gab es noch nicht einmal den Begriff Buddhismus, geschweige denn die Rede von einer buddhistischen Mission. Erst mit dem Historismus und den individualistischen Ideen des 19. Jahrhunderts hat man den Buddha als historische Person und Individuum greifbar gemacht. Dieser Gedankenwelt gefiel es nicht, von mehreren identischen Buddhas auszugehen. In Hegels Dreiteilung der Religionen in Naturreligion, Religion der geistigen Individualität und absolute Religion steht der Buddhismus, gekennzeichnet als «Religion des in sich Seins», auf der zweiten, unvollständigen Stufe. Für die Einordnung von fremden Religionen war das Modell des Christentums mit Jesus als einmaligem Religionsstifter das Vorbild, an dem gemessen andere Religionen entweder als mangelhaft oder, in der Romantik, idealisierend bewertet wurden. Und Orientalisten, die in dieser Gedankenwelt aufwuchsen, trotzdem aber an ihrem Gegenstand hingen, trachteten danach, zu beweisen, dass auch «ihre» Religion das zu bieten hat, was das Vorbild des Christentums auszeichnete. So konstruierte man analog zum Christentum den Buddha als Religionsstifter und den Buddhismus als Religion.

2. Die Quellen

Als Quellen des frühen Buddhismus gelten die Texte der Gemeinden und Schulen, Inschriften, Kunst- und Kultobjekte sowie indirekte Zeugnisse, etwa frühe Reiseberichte. Texte zum Leben des historischen Buddha sind außerordentlich selten. Eine wirklich historisch-kritische Buddha-Forschung gibt es erst in Ansätzen.

Das buddhistische Schrifttum

Die Lehrreden des Buddha sind in verschiedenen Textsammlungen überliefert. Diese wurden zunächst mündlich weitergegeben. Jedenfalls findet sich in den frühen Teilen des Pālikanons kein Hinweis auf Schreibmaterialien, auch wenn die ausgeschmückten Buddha-Biographien dem Buddha die Beherrschung vieler Alphabete zuschreiben.

Eine schriftliche Fixierung des Pāli-Kanons erfolgte wohl erst im 1. Jahrhundert v. Chr. in Sri Lanka unter König Vattagāmanī Abhaya. Schreibwerkzeuge sind ab dem 3. Jahrhundert v. Chr. nachweisbar. Wenn auch nicht allgemeine Literalität angenommen werden kann, sprechen die weiträumig erhaltenen Inschriften König Ashokas für eine gewisse Standardisierung in dieser Zeit.

Die ältesten buddhistischen Sanskrit-Manuskripte stammen aus dem 1. Jahrhundert, die ersten Pāli-Manuskripte aus dem 5. Jahrhundert; sie wurden in Burma entdeckt. In Kathmandu (Nepal) wurde eine unvollständige Vinaya-Handschrift gefunden, die aus dem 8. Jahrhundert datiert. Die meisten Pāli-Handschriften sind jedoch nicht älter als dreihundert Jahre, auch wenn einige Texte auf zentralasiatische Sanskrit-Handschriften der ersten nachchristlichen Jahrhunderte zurückgehen.

Ein für alle buddhistischen Schulen verbindliches Textkorpus gibt es nicht. Vielmehr haben die verschiedenen Schulen, die sich bald nach dem Tod des Buddha herausbildeten, eigene Sammlungen von kanonischen Texten in verschiedenen Sprachen (Theravādins in Pāli, Dharmaguptakas in Gāndhārī-Prākrit, Lokottaravādins in buddhistisch-hybridem Sanskrit etc.) zusammengestellt.

Im Zuge der Verschmelzung regionaler Traditionen setzte sich die Einteilung in drei Textsammlungen, «Körbe» (*tripiṭaka*) genannt, weitgehend durch. Von diesen Kanones sind verschiedene Versionen und andere Textsammlungen überliefert worden:

- Der Kanon der Theravāda-Schule in der mittelindoarischen Kunstsprache Pāli ist der einzige buddhistische Kanon, der vollständig in einer indischen Sprache überliefert ist.
- Der chinesische Kanon enthält in der maßgeblichen Taisho-Ausgabe 2184 Übersetzungen vieler buddhistischer Schulen
- Der tibetische Kanon (Kanjur) enthält unter anderem Übersetzungen von Texten der Mūlasarvāstivādins, deren Vinaya-Tradition auch die tibetischen Buddhisten folgen.
- Aus Handschriftenfunden in Zentralasien (Gandhāra) und Tibet sind frühe Sanskrit-Texte der Sarvāstivādins, der Mūlasarvāstivādins und der Mahāsāṅghika-Lokottaravādins bekannt.
- Es gibt neun Mahāyānasūtras, die teilweise (z. B. in Nepal) ebenfalls als kanonisch gelten.

Der Pāli-Kanon ist selbst eine literarische Übersetzung aus mehreren noch nicht genügend erforschten mittelindischen Sprachen. Er hat sich innerhalb der verschiedenen Schulen herausgebildet und wurde um 250 v. Chr. auf dem 3. Konzil in Pātaliputra (dem heutigen Patna) unter Ashoka zusammengestellt und redigiert. Einen Urkanon, der noch auf den Buddha zurückgeht, gibt es nicht. Pāli ist zudem keine einheitliche, regional eng eingrenzbare Sprache; der Begriff Pāli stammt erst aus dem 17. Jahrhundert.

Obgleich die Lehrreden verschiedenen Überlieferungssträngen entstammen, werden sie im Pāli-Kanon alle dem Buddha in den Mund gelegt. Die kanonischen Texte geben aber allenfalls das Gehörte weiter, was auch aus den einleitenden Formeln der Lehrreden hervorgeht. Auf den Konzilien und anderen Treffen wurden diese Texte offenbar geprüft und gebilligt. Inwieweit der Pāli-Kanon die Worte Buddhas tatsächlich wiedergibt oder wie nahe er an das von ihm Formulierte beziehungsweise Gemeinte heranreicht, ist umstritten. Nur wenige Forscher sehen das meiste als so authentisch an, dass sie es auf den Buddha selbst zurückführen und doktrinäre Divergenzen jüngeren Zeiten zuschreiben. Andere Gelehrte halten den Nachweis einer internen Schichtung der Texte für nahezu unmöglich. Die Mehrheit nimmt eine mittlere Position ein, hält also zumindest die Erforschung der internen Schichtung oder relativen Chronologie des Pāli-Kanons und der einzelnen Texte für möglich. Als sehr alt gelten im Allgemeinen das Beichtformular *Prātimokṣa* und die Verse des *Suttanipāta*, besonders in dessen viertem und fünftem Kapitel (*Aṭṭhakavagga* und *Pārāyaṇavagga*).

Die drei «Körbe» (*piṭaka*) der Kanones sind der Ordensdisziplin, den Lehrreden und der Scholastik gewidmet:

1. Das *Vinayapiṭaka* («Korb der Ordensdisziplin») enthält unter anderem Vorschriften für das Verhalten der Mönche und Nonnen, darunter ein vermutlich sehr altes Beichtformular (*Prātimokṣasūtra*) mit 227 Ver- und Geboten sowie Strafen, angeordnet nach der Schwere der Vergehen. Es ist der älteste Text des buddhistischen Mönchstums überhaupt.
2. Das *Sūtrapiṭaka* («Korb der Lehrreden») enthält im Wesentlichen die Lehrreden (*sūtra*) des Buddha, aufgeteilt in fünf Sammlungen (*nikāya*):
   - *Dīghanikāya*, die «Sammlung der langen (Reden)»: 34 Lehrreden
   - *Majjhimanikāya*, die «Sammlung der mittellangen (Reden)»: 152 schlichte Reden und Dialoge (mit die ältesten buddhistischen Texte)
   - *Saṃyuttanikāya*, die «Sammlung von Vermischtem»: 56 Gruppen von Lehrreden in Form von Prosa, Versen oder Dichtungen
   - *Aṅguttaranikāya*, die «Sammlung der nach aufsteigender Zahlenfolge geordneten Reden»: über 2300 *suttas*, angeordnet nach der Anzahl von buddhistischen Begriffsreihen
   - *Khuddakanikāya*, die «Sammlung der Stücke»: fünfzehn sehr unterschiedliche Textgruppen, darunter das *Dhammapada*, ein metrischer Text zur Ethik und Doktrin, das teilweise alte *Udāna* («Sprüche», Prosaerzählungen), die *Jātakas* («Wiedergeburtsgeschichten») oder *Buddhavaṃsa* (eine späte Buddha-Genealogie).
3. Das *Abhidharmapiṭaka* («Korb des auf die Lehre Bezüglichen», Scholastik) enthält Texte, die auf der Grundlage von Listen die Lehre zu systematisieren, analysieren und erklären versuchen, sowie das *Kathāvatthu*, in dem Ansichten anderer Schulen zurückgewiesen werden.

Zu den kanonischen Texten kommt die pseudokanonische Literatur. Sie umfasst die *Mahāyānasūtras* und andere mahāyānistische Literatur, vor allem eine Sammlung von neun Texten, darunter das *Saddharmapuṇḍarīka* («Lotus des guten Gesetzes») und die *Prajñāpāramitā* («Vollkommenheit der Weisheit») sowie die Vajrayāna-Literatur, also überwiegend tantrische Texte (darunter das bekannte *Guhyasamājatantra*), Hymnen und Sammlungen von Zauberformeln.

Schließlich gehört zum buddhistischen Schrifttum die nichtkanonische Literatur. Sie umfasst zum einen die nichtkanonische Pāli-Literatur, das heißt Kommentare, Texte zum Leben des Buddha, den *Visuddhimagga* («Weg der Reinheit») des Buddhaghosa: ein Kompendium buddhistischer Lehre, den *Milindapañha* («Fragen des [Königs] Milinda») und Chroniken (*Dīpavaṃsa*, *Mahāvaṃsa* u. a.); zum anderen nichtkanonische Sanskritliteratur, darunter weitere Texte zu Buddhas Leben, Dichtungen, Wiedergeburtsgeschichten (z. B. die *Jātakamālā* des Āryashūra), Bodhisattva-Geschichten (*Avadāna*) sowie philosophische Texte von Nāgārjuna, Asanga, Dignāga oder Dharmakīrti.

Quellen der Buddha-Biographie

Die ersten erhaltenen Zeugnisse zum Leben des Buddha sind die Inschriften und Felsenedikte von König Ashoka, der von ca. 268 bis 236/232 v. Chr. regierte. Der Pāli-Kanon kennt allenfalls Ansätze einer Lebensbeschreibung des Buddha, vor allem des Lebensendes. Eine eigentliche Buddha-Biographie beziehungsweise -Hagiographie und damit das meiste, was wir mit dem Leben des Buddha in Verbindung bringen, wurde erst Jahrhunderte nach seinem Ableben verfasst. Und erst etwa achthundert bis tausend Jahre später, in den legendarischen Lebensgeschichten, «steht» die heute verbreitete Buddha-Vita.

Die meisten Texte zur Buddha-Biographie sind durch eine reiche Bildersprache gekennzeichnet, welche die Umstände der Episoden ausschmücken, durchsetzt von Passagen, in denen der Buddha in der Ich-Form spricht. In den frühen Quellen gibt es keine vollständige Biographie, allenfalls Ereignisse und Begebenheiten, die sich aneinanderreihen und in jüngeren Texten zu ausgeschmückten Lebensdarstellungen zusammengefasst werden. Es handelt sich im Wesentlichen um folgende Texte:

- Biographische Abschnitte im Pāli-Kanon (besonders im *Majjhimanikāya*) und seinen Parallelen beziehungsweise Übersetzungen. In diesen Reden, Gesprächen und Rahmenerzählungen findet sich kaum etwas zu Geburt und Jugend des Buddha, wohl aber Partien zur Erleuchtung, zur Einrichtung des Ordens und zum Dahinscheiden des Buddha, vor allem in der «Großen Lehrrede vom vollständigen Erlöschen», dem *Mahāparinirvāṇasūtra* (Dīghanikāya II 76 ff.), dem frühesten Text des alten Indien, in dem absichtlich ein historisches Ereignis festzuhalten versucht wird. Die Überlieferung will es, dass sich fünfhundert Schüler Buddhas nach seinem Tod in Rājagriha auf einem Konzil trafen, um seine Lehre zu fixieren. Dabei habe Ānanda, der Lieblingsschüler des Buddha, 84 000 Aussprüche des Buddha rezitiert. Daher beginnen die Texte meist mit der Formel «So habe ich gehört».
- Biographische Einschübe in den *Vinaya*-Sanskrittexten, in denen – mit der Ausnahme des «Korbs» der Mūlasarvāstivāda-Schule (ca. 2. Jahrhundert v. Chr.) – ebenfalls keine Geburts- und Jugendgeschichten zu finden sind.
- Das *Mahāvastu*, «(Das Buch) der großen Begebenheiten», abgeschlossen ca. im 4. Jahrhundert n. Chr., und der *Lalitavistara* aus dem 4./5. Jahrhundert n. Chr., «Die ausführliche Darstellung des Spiels (= irdische Tätigkeit des Buddha)»: Hierbei handelt es sich um doketische, das heißt bereits mahāyānistisch geprägte Texte, in denen Buddha als überweltlich und scheinleiblich dargestellt wird. Beide Texte behandeln noch nicht sein ganzes Leben, sondern nur die Zeit zwischen Geburt und Gründung des Ordens.
- Selbständige Buddha-Biographien, besonders das sehr freie und dichterische *Buddhacarita*, «Der Wandel des Buddha», des Ashvaghosha (ca. 2. Jahrhundert n. Chr.), das auch in einer chinesischen und tibetischen Version vorliegt.
- Vollständige Buddha-Biographien, zum Beispiel die in Sri Lanka verfasste *Nidānakathā*, die «Erzählung von den Anfängen (des Buddha)», die eine Einleitung zu einem *Jātaka*-Kommentar bildet, gibt es erst ab dem 5. Jahrhundert n. Chr., also mehr als tausend Jahre nach Buddhas Ableben.
- Mehrere jüngere Texte, die außerhalb Indiens entstanden sind. Neben der *Nidānakathā* gehören dazu Abschnitte in Kommentaren sowie Übersetzungen in das Chinesische, Khonatesische und Alttürkische (Sanskrit-uigurische), namentlich die an den *Lalitavistara* angelehnte *Maitrisimit*, sowie die tibetische «Geschichte der Religion» von *Buston* (1290–1364), die das Leben eines Buddha in zwölf Taten schematisiert.
- Verschiedene Sprüche und Verse, die zumindest teilweise auf den Buddha zurückgehen könnten, finden sich im *Dhammapada* und im nichtkanonischen *Udānavarga* («Gruppe von Aussprüchen»).

Der Tendenz nach haben wir es in den Buddha-Biographien mit zwei Überlieferungen zu tun: mit einer halbwegs realistischen Geburtsdarstellung (frühe Pāli-Werke, teilweise auch im *Buddhacarita*), in der Vater und Mutter die Eltern des Buddha-Kindes sind, und mit einer ausgeschmückten Buddhologie (*Mahāvastu*, *Lalitavistara*, *Nidānakathā* sowie dem *Mahāpadānasutta* (DN II 1 ff.), bei der Gautama ein reines Wesen ist, das sich als Mensch verkörpert und der Welt anpasst. In diesen Darstellungen ist der Vater nicht der Erzeuger, und die Mutter ist nur die Hülle für die Verkörperung.

3. Der historische Buddha

Die frühesten Zeugnisse vom Leben des Buddha beziehen sich vor allem auf den Namen, die Lebenszeit, den Geburtsort sowie die gesellschaftlichen, wirtschaftlichen und religiösen Verhältnisse seiner Zeit.

Der Name

Der Buddha gehörte zum Geschlecht der Shākyas. Er wurde meist Gautama oder in Pāli Gotama genannt, später auch Shākyamuni, «der Weise aus dem Geschlecht der Shākyas». Obgleich dieser Name ein poetischer Ausdruck ist, hat er sich als Bezeichnung für den historischen Buddha eingebürgert. Der Name Siddhārtha («der das Ziel erreicht hat») bzw. Sarvasiddhārtha («der alle Ziele erreicht hat») kommt in den älteren Teilen des Pāli-Kanons nicht vor. Seine Anhänger nannten ihn meist schlicht Bhagavat («Erhabener, Herr»).

Gautama nannte sich selbst wohl Tathāgata («der Vollendete»). Die ursprüngliche Bedeutung des Wortes *tathāgata* ist unbekannt. Spätere Kommentare trennen die euphonische Lautverbindung *ā* in entweder *tathā-āgata* oder *tathā-gata*. Beides ist sprachlich korrekt, hat aber zwei unterschiedliche Bedeutungen: «der so Gekommene» beziehungsweise und wahrscheinlich richtig «der ebenso (wie seine Vorgänger zur Erleuchtung) Gegangene». In jedem Fall drückt der Name schon eine Haltung aus, die uns noch beschäftigen muss: *tathāgata* ist mehr ein geistiges als ein personales Prinzip. Der Buddha verstand sich, indem er diese Bezeichnung wählte, als einer von vielen, die in allen Weltzeitaltern erscheinen. Gruppen von 7, 24, ja 1000 Tathāgatas sind beliebt. In den Orten Sanchi und Bharhut (2. Jahrhundert v. Chr.) sind die sieben Tathāgatas (Buddha Shākyamuni und sechs Vorgänger) durch sieben Reliquienbauten, sogenannte Stūpas, repräsentiert. In Gandhāra, Mathurā und Ajantā sind die sieben Tathāgatas in menschlicher Form dargestellt, aber praktisch nicht voneinander zu unterscheiden.

Der Buddha nannte sich auch *arhat* («Heiliger» oder «der Würdige»), vielleicht als Beiname für einen, der sein spirituelles Ziel erreicht hat, oder eben Buddha («der Erwachte, Aufgewachte, Erleuchtete»). Freilich gilt er in der buddhistischen Tradition bis zur Nacht seiner Erleuchtung nur als *bodhisattva* («Erleuchtungswesen»). Nach seiner Erleuchtung, auf dem Weg nach Benares, trifft der Buddha den Mönch Upaka, der ihn fragt, wer sein Lehrer sei. Der Buddha antwortet, er habe keinen Lehrer, sondern die Erleuchtung selbst erworben; dann stellt er sich als Heiliger (*arhat*), Lehrer (*śāstṛ*), Sieger (*jina*) und Buddha dar. Und als er in Benares seine ersten fünf Schüler trifft, reden sie ihn mit seinem Namen Gautama und Freund (P. *āvuso*, auch «Bruder») an. Er besteht jedoch auf den Anreden «Tathāgata» und «Buddha», bevor er zu seiner ersten Predigt anhebt:

> Sprecht nicht, ihr Mönche, den Vollendeten (*tathāgata*) mit seinem Namen an und redet ihn nicht an mit ‹Mein Freund›. Der Vollendete, ihr Mönche, ist der heilige, vollkommen Erwachte (*buddha*). Öffnet euer Ohr, ihr Mönche: Die Erlösung vom Tode ist gefunden. Ich unterweise euch; ich predige euch die Lehre. (Vin I, 9)

Die Bezeichnung «Buddha» für den erleuchteten Gautama ist aber nicht einmalig und unvergleichlich, denn auch andere Erleuchtete können sie erhalten. Viel später sind zahlreiche Beinamen aufgekommen, die dem Buddha in den ausgeschmückten Biographien gegeben werden, etwa Devātideva («Herr über alle Götter») im *Lalitavistara*.

Lebenszeit

Die Datierung des Buddha bildet seit jeher einen Angelpunkt in der nur unsicher datierbaren altindischen Zeit. Ob ein Text vor- oder nachbuddhistisch ist, kann man mitunter aufgrund von inhaltlichen Kriterien sagen. Doch wann hat der Buddha gelebt?

In nahezu allen älteren Büchern zum Buddhismus findet man als Daten ca. 560–480 v. Chr. angegeben. Zwar ist das Lebensalter von 80 Jahren einheitlich überliefert, doch bestehen hinsichtlich der Datierung erhebliche Zweifel. Diesbezügliche Untersuchungen wurden maßgeblich von dem Göttinger Buddhismusforscher Heinz Bechert (1932–2005) und durch von ihm organisierte internationale Tagungen über die Lebenszeit des Buddha vorangetrieben. Danach gehen heute einige Forscher von ca. 450–370 v. Chr. (+/– 10 Jahre) aus – und zwar nach folgender Berechnung: Nach nordindischer Tradition wurde König Ashoka 100, 118 oder 160 Jahre (nur eine Quelle) nach Buddha gekrönt. Ashoka, der von ca. 268 bis 236 oder 232 v. Chr. regierte, soll sich, wie Bechert sagt, bewusst 100 Jahre nach dem Tod Buddhas gekrönt haben, aber diese Ansicht wird nicht von allen Forschern geteilt. Weitgehend einig ist man sich aber, dass Buddhas Ableben 85 bis 105 Jahre vor Ashokas Krönung und 30 bis 50 Jahre vor Alexanders Indienfeldzug (327–325 v. Chr.) anzusetzen ist.

Geburtsort

Der Buddha wurde wahrscheinlich in Lumbinī in der Nähe der Hauptstadt Kapilavastu an den südlichen Himalaya-Ausläufern des heutigen Nepal geboren. Eine Inschrift scheint dies zu bestätigen. Alois Anton Führer (1853–1930), der im Auftrag des Archaeological Survey of India das Gebiet bereiste, hat sie entdeckt. Er fand 1896 in Lumbini vier kleinere zerstörte Stupas. Eine Ausgrabung erfolgte drei Jahre später aufgrund der Hinweise Führers. Auf einer dabei zu Tage gekommenen und auf das Jahr 249 v. Chr. datierten Steinsäule steht:

> Zwanzig Jahre nach seiner Krönung besuchte König Devānampriya Piyadassi («der Götterliebling» = Ashoka) persönlich diesen Platz, weil Buddha, der Weise aus dem Shākya-Geschlecht, hier geboren wurde.

Kapilavastu war die Hauptstadt einer offenbar weitgehend autonomen Provinz des Koshala-Reiches. Vielleicht war es auch eine Art wohlhabendes Rittergut mit großen Ländereien. Das Koshala-Reich war von anderen Erbmonarchien umgeben, die in der frühbuddhistischen Literatur oft erwähnt werden und später teilweise zu buddhistischen Wallfahrtsorten wurden, da der Buddha diese Gegenden (siehe Karte auf der vorderen Umschlaginnenseite) auf seiner Wanderschaft aufgesucht haben soll. Südlich lag das einflussreiche und mächtige Magadha-Land (das in etwa dem heutigen Bihar entspricht) mit der Hauptstadt Rājagriha, östlich das Videha-Reich mit der Hauptstadt Mithilā, im Norden das spätere Licchavi-Reich mit der Hauptstadt Vaishālī, südwestlich das kleine Königreich Vamsa mit der Hauptstadt Kaushambi und der wirtschaftlich wichtigen Stadt Prayāga.

Gesellschaft und Wirtschaft

In dem regenreichen Gebiet, in dem der Buddha vermutlich aufwuchs, wurde ein so ergiebiger Reisanbau betrieben, dass ein Überschuss produziert werden konnte. Buddhas Vater hieß Shuddhodana, wörtlich: «der reinen Reis züchtet», und war wohl Landadliger. Aufgrund der ökonomischen Verhältnisse konnten erste Adelsrepubliken entstehen, die kaum politische Macht hatten, aber reich und stolz waren.

Das Reich der Shākyas war ein solches aristokratisch-oligarchisch regiertes Staatswesen, das allerdings weitgehend von der benachbarten Koshala-Monarchie, die zugleich wohl auch den östlichsten Teil des brahmanisch-vedischen Einflussgebiets bildete, abhängig war. Es hatte einen gewählten Gouverneur (*rājan*, wörtlich: «König») an der Spitze, der die Ratsversammlung führte. Zum *rājan* gewählt werden konnten nur bestimmte Kshatriyas, Angehörige des Ritter- und Kriegerstandes.

Diese Republiken kannten Stände (*varṇa*), jedoch mit einer nur schwach ausgeprägten sozialen Hierarchie. So pflegten sie kaum die rigorosen Abgrenzungen bei Heirat und gemeinsamen Mahlzeiten, wie sie in benachbarten, von Brahmanen dominierten Reichen üblich waren. Zwar wurden auch bei den Shākyas Sklaven gehalten, doch war ihr Herrschaftssystem vergleichsweise egalitär und liberal. Vielleicht trugen diese Umstände zu den weitgehend egalitären und freisinnigen Ordensstrukturen des Buddhismus bei.

Das Leben in diesen Reichen war grundlegend anders als das

bei den altindischen halbnomadischen Stämmen der Vorväter. Die schwierige, in Terrassenanbau und nur mit komplizierten Bewässerungssystemen mögliche Reiskultur der Adelsrepubliken trat an die Stelle einer Weide- und Viehkultur. Eisenpflug oder Eisenwerkzeuge sind archäologisch nicht bestätigt worden, werden aber allgemein angenommen, da anders die großflächigen Rodungen kaum erklärt werden können. Der erwirtschaftete Überschuss führte zur Einführung von Münzgeld und einem organisierten interregionalen Handel auf transporttauglichen und militärisch gesicherten Wegen.

Die rechtliche und politische Stabilität ermöglichte ein vergleichsweise wohlhabendes höfisches Leben, das die Künste und Wissenschaften begünstigte. Zunehmend entwickelten sich auch urbane Zentren. Im *Dīghanikāya* werden vor allem fünf Städte immer wieder erwähnt (*Mahāsudassanasutta*, DN II 169 ff.): Campā, Rājagriha, Sāketa, Kosambi, Benares und besonders häufig Shrāvasti. Pātaliputra, die spätere Hauptstadt der Maurya-Dynastie, hat es zur Frühzeit des Buddhismus noch nicht gegeben. In diesen Städten entstand eine selbstbewusste Schicht von Beamten, Händlern und Handwerkern, die von den Brahmanen, welche sich nur auf die Aristokratie stützten, in ihren religiösen Bedürfnissen weitgehend vernachlässigt wurden. Der frühe Buddhismus entwickelte sich auf Marktplätzen und in Städten; paradoxerweise war er auf sie angewiesen, bevor er sie dann floh.

Religiöse Verhältnisse

Vor allem in den urbanen Gebieten keimten Individualismus und religiöse Vielfalt auf. Größere Mobilität, Spezialisierungen im Beruf, eine geringere Abhängigkeit von der Familie und anderes mehr stellten den Einzelnen vor gewisse Wahlmöglichkeiten. Auch wenn diese für die meisten nach wie vor eingeschränkt waren, gab es doch religiöse Alternativen zum Opferritualismus der Brahmanen – Alternativen, die zum Verlassen von Opfer und Haus, von Familie und Beruf aufforderten. Die Lehre des Buddha war eine von vielen solchen Lehren, und der Buddha hatte selbst verschiedene religiöse Wege ausprobiert, bevor er seinen eigenen fand.

Die Bewegungen, die zur Lebenszeit des Buddha auftauchten, müssen eine große Attraktivität gehabt haben. Tausende verließen offenbar Haus und Familie, gaben die Opfer auf und wurden zu zölibatären, herumwandernden und bettelnden Entsagern, die nach Erkenntnis und Erlösung strebten. Viele Lehren der Asketen machten ihre Runde. Die Gruppierungen und Schulen waren dabei oft nach dem Inhalt der Lehren (*vāda*) benannt.

Der Buddha war einer dieser vielen Wanderasketen. Warum fand gerade er so viel Anklang? Ein Grund könnte, wie die Überlieferung vermutet, darin gelegen haben, dass er besondere Eigenheiten besaß, die ihn als einen Heiligen auswiesen. Dazu gehörten besonders Wunderkräfte und bestimmte körperliche Merkmale wie etwa eine goldene Hautfarbe oder ein Haarwirbel zwischen den Augenbrauen. Ein entscheidender Grund war aber wohl, dass er nicht nur eine Befreiungslehre der Weltflucht predigte, sondern auch für Laien etwas zu bieten hatte. Er sorgte sich um das «Seelenheil» aller, weitgehend unabhängig von ihrem sozialen Stand, ihrer Herkunft, ihren rituellen Verpflichtungen und ihren ökonomischen Möglichkeiten. Er hatte immer ein offenes Ohr für die einfachen Leute, die ihn auf seiner Wanderschaft ansprachen. Adressaten seiner Lehre waren der Einzelne und die Gemeinschaft. Dies vor allem erklärt auch seine erstaunliche Modernität. Seine Gegner waren Brahmanen, Agnostiker oder radikale Asketen. Gegen diese argumentierte und mit diesen debattierte er.

Der Buddha kam nicht aus einem gelehrten Milieu. Er hat die ältesten Upanishaden, die philosophischen Texte des alten Indien, vielleicht im Laufe der Jahre kennengelernt, aber diese haben ihn nicht grundlegend bestimmt. Er kannte wohl auch den Veda. Er sprach – in einer Volks- statt der Sakralsprache des Sanskrit – zu einer Gesellschaft, die es nach neuen Botschaften dürstete. Seine Lehren erschütterten den jahrhundertealten vedischen Opferritualismus der Brahmanen und ließen eine neue religiöse Bewegung entstehen, die weite Teile Süd- und Ostasiens erfasste.

4. Der Buddha der Legenden

Während sich das vorangegangene Kapitel auf die wenigen halbwegs gesicherten oder zumindest plausiblen Angaben zum Leben des Gautama konzentrierte, sind bei den nachfolgenden Episoden Legende und Wirklichkeit kaum zu trennen. Auch folgen viele Geschichten vom Buddha weit verbreiteten literarischen Erzählmustern. So sind im *Mahāpadānasutta* Lebensalter, Stadt, Kaste, Eltern und Jünger des Gautama genau wie bei den vorherigen sechs Buddhas dargestellt. Zwar kann der im Kern historische Lebenslauf des Buddha auch auf die anderen sechs Buddhas übertragen worden sein, doch wird im Folgenden gar nicht erst der Versuch gemacht, die überhöhten von den eher realistischen Teilen zu trennen. Eine an gesicherten Fakten orientierte detaillierte Biographie ist schlichtweg unmöglich.

Geburt

Im Pāli-Kanon wird der Geburt des Buddhas nichts Außergewöhnliches beigemessen, außer dass er einer seit sieben Generationen hochgestellten Familie entstammt. In den späteren Geburtsgeschichten, vor allem *Mahāvastu* und *Lalitavistara*, wird vom Buddha als einer Gottheit gesprochen, die von der Not der Menschen, Götter und Geister so gerührt ist, dass sie im Himmel beschließt, den Keim des zukünftigen Buddha in Gestalt eines weißen Elefanten in den Leib der keuschen Prinzessin Māyā zu legen. Zuvor bestimmt sie den Bodhisattva Maitreya als den nächsten Buddha.

Die Mutter begibt sich in den Park von Lumbinī, sucht sich einen Ashoka- oder Sāl-Baum aus und gebiert dort im Stehen Gautama, der aus ihrer rechten Körperseite austritt, ohne ihr Schmerzen zu bereiten. Er wird von den Göttern empfangen.

Die Geburt des Buddha,
Kalkutta, 2./3. Jahrhundert.

In den ausgeschmückten Biographien wählt sich der Bodhisattva beziehungsweise zukünftige Buddha die Eltern Shuddhodana und Māyā selbst aus, aber der Vater ist nicht sein Erzeuger. Bei der Geburt am Vollmondtag des Monats Ashadha (Juni/Juli) – nach dem *Lalitavistara* das Datum der Empfängnis (auch das ein allen Bodhisattvas gemeinsames Datum) – regnen Blumen vom Himmel, himmlische Musik kommt auf, in der Luft schwebt ein Baldachin, die Welten erbeben, und ein unermesslicher Glanz begleitet den Vorgang. Das Große, Einzigartige wird so durch allerlei Wundergeschichten überhöht.

Der Neugeborene macht nach den ausgeschmückten Biographien sieben Schritte in jede Himmelsrichtung und spricht:

> Ich werde der Wiedergeburt, dem Altern, der Krankheit und dem Sterben ein Ende machen. Dies ist meine letzte Geburt, es wird keine Wiedergeburt für mich geben. (LV 84, vgl. MV II 24, BC I 14–15, DN II 15)

Dieser Legende liegen Vorstellungen zugrunde, wonach es angehende Buddhas gibt, die im Tushita (einem Götter-Himmel, der noch dem Reich der Begierden angehört) verweilen. Aus Mitleid mit den Menschen warten sie auf die Wiedergeburt, um ihnen zu helfen, ebenfalls die Erlösung zu erlangen. Die Götter sagen einem solchen Bodhisattva, wann er sich zu verkörpern habe, woraufhin dieser die Erde mit fünf Blicken auf folgende Kriterien prüft: den rechten Zeitpunkt für die Inkarnation: sobald das Lebensalter des Menschen auf höchstens hundert Jahre sinkt; den rechten Kontinent: Jambudvīpa, in etwa das heutige Indien; das rechte Land: Madhyadesha, die mittlere Region; die rechte Familie: nur Brahmanen oder der Adelsstand (Kshatriya); und die rechte Mutter: der *Lalitavistara* nennt für sie zweiunddreißig Eigenschaften. Sind die Bedingungen günstig, steigt der Bodhisattva vom Tushita-Himmel herab und verkörpert sich im Leib einer Frau.

Mit dem Bodhisattva werden unter anderem seine spätere Ehefrau, sein Wagenlenker und sein zukünftiges Pferd geboren. Die Mutter stirbt wie alle Mütter von Bodhisattvas nach sieben Tagen, denn ihr Mutterleib kann nach der Geburt eines Bodhisattvas nicht noch einmal befleckt werden. Der Name der Mutter des Gautama wird in frühen Quellen nicht genannt; in jüngeren heißt sie Māyā. Aufgezogen wird Gautama von der Ziehmutter Mahāprajāpatī Gautamī, der Schwester Māyās.

Bemerkenswert ist, dass der Vater Shuddhodana von der Zeugung ausgeschlossen ist. *Mahāvastu*, *Lalitavistara* und *Nidānakathā* sprechen sogar von Keuschheitsgelübden von Vater und Mutter. Die Ausschaltung natürlicher biologischer Geburtsvorgänge in den Legenden von Heiligen ist in vielen Religionen verbreitet. Das gilt auch für den Schwangerschaftsverlauf, denn der zukünftige Buddha durchläuft nicht die unreinen Embryonalphasen, sondern tritt in die rechte (reine) Körperseite der Mutter ein und dort auch wieder heraus. Die Reinheit im Mutterleib soll auf diese Weise ebenso betont werden wie die Andersartigkeit Buddhas. Im *Dīghanikāya* (*Mahāpadānasutta*), im *Lalitavistara* und möglicherweise auch im *Buddhacarita* sitzt der zukünftige Buddha sogar im Mutterleib in einem juwelengeschmückten Gehäuse (*ratnavyūha*). Unbefleckt von Blut und Plazenta kommt er so zur Welt.

Bald nach der Geburt erscheint in einer Episode der ausgeschmückten Biographien ein großer Seher, Asita oder Kāladevala genannt, der die Zukunft Gautamas vorhersagt. Nach dem *Buddhacarita* hat der Seher von der Geburt vernommen und kommt aus dem Himalaya zu Gautamas Vater, um zu verkünden: «Dein Sohn ist für das Erwachen geboren.» Als er den Säugling sieht, füllen sich seine Augen mit Tränen, so dass der Vater sorgenvoll fragt, ob seinem Sohn kein langes Leben gegeben sei. Der Seher beruhigt ihn und sagt voraus, dass Gautama das Ende des Leidens bringen werde, er aber traurig sei, weil er dies nicht mehr erleben dürfe. Dennoch bleibt der Vater besorgt, dass sein Geschlecht aussterben werde, wenn der Sohn zu einem Asketen wird.

Jugend

Über Gautamas Jugend ist wenig bekannt. Heilige Menschen interessieren kaum in ihren frühen, unreifen Lebensabschnitten und wenn doch, dann werden die ungestümen, zweifelnden und protestierenden Seiten meist retuschiert. Dass die Jugend Gautamas unbeschwert und wohlbehütet war, darf man annehmen: Die Parkanlagen in Lumbinī sind weiträumig, und der Pāli-Kanon spricht von drei Palästen, je nach Jahreszeit, mit großer Dienerschaft. In einer späten Lehrrede hat der Buddha selbst seine unbekümmerte Jugend geschildert:

> Ich lebte, ihr Mönche, verhätschelt, sehr verhätschelt. Beim Anwesen meines Vaters hatte man Lotosteiche anlegen lassen: einer mit blauen, ein anderer mit weißen oder roten Lotosblumen. Alles nur für mich. Ich benutzte nur Sandelholz aus Benares. Aus Benares kam auch der Stoff meiner Kopfbedeckung, meiner Jacke, meines Untergewandes, meines Überwurfs. Tag und Nacht hielt man einen weißen Schirm über mich, damit mich nicht Kälte, Hitze, Staub, Grashalme oder Tau plagten. (*Sukhumālasutta*, AN I 145)

Mag diese Erinnerung noch nah an der Lebenswirklichkeit des Gautama liegen, so sind viele andere Darstellungen seiner Jugend legendarisch überhöht: dass Gautama in Leibesübungen unschlagbar war, dass er beim Bogenschießen, Reiterkampf, Fechten immer der Erste war, dass er einen Elefanten mit einem Zeh über die Mauern werfen konnte oder dass kein Lehrer ihm etwas beibringen konnte. Vermutlich wurde die Jugend des Buddha unbeschwert und prachtvoll dargestellt, um seinen Entschluss zum vollständigen Verzicht und seine Abkehr von Luxus und Überfluss umso größer erscheinen zu lassen. Unmittelbar vor seinen berühmten Ausfahrten (siehe unten) soll der Buddha gesagt haben:

Mit solcher Herrlichkeit war ich begabt, ihr Mönche, in so einer äußersten Sorglosigkeit lebte ich. Da kam mir der Gedanke: «Ein gewöhnlicher Mensch, der unkundig ist, obwohl er selbst dem Alter unterworfen und von der Macht des Alters nicht frei ist, empfindet Abneigung, Missfallen und Ekel, wenn er einen anderen im Alter sieht. Aber er ignoriert dabei, dass auch er dem Alter unterworfen und von der Macht des Alters nicht frei ist.» Indem ich so dachte, ihr Mönche, zerging mir völlig der Jugendrausch, welcher der Jugend innewohnt. (*Sukhumālasutta*, AN I 145)

Ein weiteres schlichtes, aber tiefgreifendes Jugenderlebnis spielt in verschiedenen ausgeschmückten Biographien erst im späteren Leben Gautamas eine Rolle, obgleich es für ihn möglicherweise schon in früher Kindheit prägend war. Im *Mahāsaccakasutta* erzählt der Buddha, wie er sich im Zuge seiner Erlösungssuche erinnert habe, als Kind unter einen Rosenapfelbaum gesetzt worden zu sein, während sein Vater auf dem Acker arbeitete. Dort im Schatten erlebte er ein umfassendes Glücksgefühl, das er als erste Meditationsstufe darstellt:

Ich erinnerte mich, daß ich einst, als mein Vater, der Sakyer, beschäftigt war, im kühlen Schatten eines Rosenapfelbaums saß und dort mich frei fühlte von Wünschen und Sorgen, frei von dem Verlangen nach Sinnengenüssen und von unheilsamen Regungen und die mit Nachdenken und Forschen verbundene, von Freude und Wohlbehagen erfüllte erste Stufe der Versenkung erreichte, und ich dachte: Dies könnte der Weg zum Erwachen sein. (MN I 246; Übers. K. Schmidt, *Buddhas Reden*, S. 122 f.)

Die *Nidānakathā* verlegt dieses Ereignis in das rituelle Pflügen der ersten Furche, das Gautamas Vater als König des Landes einmal im Jahr durchzuführen hat. Dabei nimmt Gautama bereits als Knabe die richtige meditative Position ein und erreicht die erste von vier Stufen der Meditation. Währenddessen wandern die Schatten der Bäume weiter, nur der des Rosenapfelbaumes nicht – ein Wunderzeichen, das die Verehrung Gautamas durch seinen Vater nach sich zieht. Das *Mahāvastu,* der *Lalitavistara* und andere Texte verlegen dieses Schattenwunder in eine spätere Lebensphase und verbinden es mit dem Erlebnis, dass beim Pflügen zum Entsetzen des Buddha Frösche und Schlangen getötet werden.

Heirat

Gautama war verheiratet und hatte einen Sohn. Jedenfalls wird es so im Pāli-Kanon berichtet. Der *Lalitavistara* kennt aber keinen Sohn Buddhas. Dort wird auch seine Ehe als Scheinehe bezeichnet. In jedem Fall war sie – wie in Indien üblich – arrangiert. Angeblich soll der Vater Shuddhodana beschlossen haben, Gautama mit sechzehn Jahren zu vermählen. Er wollte damit verhindern, dass sein Sohn, wie bei seiner Geburt vorausgesagt, ein Buddha wird. Die Ehe blieb dreizehn Jahre kinderlos. In der Nacht, als Gautamas Frau, unter anderem Yashodharā und Gopā genannt, den gemeinsamen Sohn Rāhula zur Welt brachte, verließ Gautama sie und ging in die Askese. Die Frau Gautamas spielte in seinem späteren Leben eine geringe, der Sohn eine etwas bedeutendere, aber keine wichtige Rolle: Der Buddha ließ ihn in den Orden aufnehmen, wo er allerdings kaum auffiel.

In der *Nidānakathā* heißt es, dass Gautama nach den vier Ausfahrten von seinem Vater über die Geburt des Sohnes benachrichtigt wird. Daraufhin sagt Gautama: «Rāhula ist geboren, eine Fessel ist geboren.» Der Name Rāhula ist wohl eine Verkleinerung von «Rāhu», einem Dämon, der bei Sonnen- und Mondfinsternis die Himmelskörper verschlingt. Möglicherweise hängt der Name aber auch damit zusammen, dass der Sohn nach der Erleuchtung Buddhas und damit gewissermaßen unehelich geboren wurde. Jedenfalls wird dieser Verdacht in einer chinesischen Übersetzung des Kanons der Mūlasarvāstivādins geäußert:

Damals betrachtete König Shuddhodana den Rāhula und sprach: «Dieser Knabe ist nicht von meinem Sohne, dem Shākyamuni, gezeugt.» Als Gopā diese Worte hörte, erschrak sie aufs höchste, nahm Rāhula in ihre Arme und begab sich zu einem Teich, wo Gautama dereinst zu baden pflegte. Dort gab es einen großen Stein, mit dem Gautama Kraftübungen zu machen und zu spielen geliebt hatte. Sie setzte Rāhula auf diesen Stein, legte die Hände zusammen und sprach den feierlichen Schwur: «Wenn dieser Knabe ein leiblicher Sohn Gautamas ist, soll er in dem Teiche seine Rettung finden und nicht untergehen. Wenn er es aber nicht ist, soll er, ins Wasser gestürzt, untergehen!» Nachdem sie dieses Gelöbnis getan hatte, hob sie den Stein mit Rāhula darauf in die Höhe und warf beide in den Teich. Da schwamm der Stein auf dem Wasser und Rāhula saß mitten im Wasser oben auf dem Stein und trieb, der Strömung nach, hin und her. Gleich einem Watteflöckchen auf einem Strome. (*Ken pen shuo i ch'ieh yu pu p'i na yeh p'o seng shih* (*Vinayavastu*), nach E. Waldschmidt, *Legende*, S. 174 f.)

Die Überlieferung berichtet übereinstimmend, dass sich Gautama nicht um seinen Sohn kümmerte. Doch schildert die *Nidānakathā*, dass er vor seiner Weltflucht in der Nacht noch einen Blick auf Rāhula werfen wollte; aber da die Mutter im Schlaf eine Hand über das Kind hielt und die Öllampe erloschen war, wurde ihm dies verwehrt.

Der Auszug unmittelbar nach der Geburt des Sohnes kann zwei Gründe gehabt haben: Sie kann eine Flucht vor der Verantwortung in der Ehe gewesen sein. (Tatsächlich verlassen noch heute viele indische Asketen die Familie bei der Heirat oder der Geburt eines Kindes.) Sie kann aber auch die Erfüllung des Versprechens gewesen sein, für die Ahnen zu sorgen, die auf einen Sohn angewiesen sind. Danach hätte Gautama den Entschluss zur Askese schon vorher gefasst, aber erst in die Tat umgesetzt, nachdem er seine Pflicht zur Nachkommenschaft erfüllt hatte. Mahāvīra, der Stifter des Jinismus, der etwa zur gleichen Zeit wie der Buddha lebte, zog erst in die Askese, als seine Eltern gestorben waren. Auch dieses Problem ist anhand der Quellen nicht zu lösen. So hatte der Buddha, anders als viele Heilige in anderen Religionen, Sexualverkehr und ein Eheleben.

Weltflucht

Ob es die Ehe oder ein anderer Grund war, auf jeden Fall geriet Gautama – nach der Überlieferung im Alter von 29 Jahren – in eine Krise, in der er am Sinn seines Lebens zweifelte und die ihn dazu brachte, seinem Leben eine radikale Wende zu geben: Er zog in die Hauslosigkeit. Dies geschah offenbar – gegen spätere Ordensvorschriften – ohne Einwilligung der Eltern. Wann genau der Buddha hinauszog, wird wieder unterschiedlich erzählt.

Auch über die Motive für diesen Schritt und vor allem über die auslösenden Episoden sowie deren Reihenfolge besteht in den Quellen keine Einigkeit. In den Texten wird die Weltflucht ohne Ausschmückung, mit historischen Bezügen und als Zeichen eines inneren Prozesses dargestellt, aber auch Erlebnisse von Krankheit und Tod werden als Gründe genannt: die Vorbeifahrt an einem Leichenplatz, ein Schlafgemach von leichten Frauen in unziemlichen Stellungen mit abschreckenden Körpern voller Gebrechen, das den Buddha an einen Leichenacker erinnerte, die Begegnungen auf vier Ausfahrten mit einem Greis, Alten, Kranken und Toten. Gemeinsam ist allen diesen Erlebnissen, was zu einer Grundlehre des Buddhismus zählt: die Erfahrung von der Endlichkeit und damit Leidhaftigkeit allen Seins.

Im *Aṅguttaranikāya* (*Sukhumālasutta*, I 145f) knüpft die Weltflucht an die Schilderung des sorgenlosen Lebens im Palast an. Gautama bemerkte, dass dieses Leben nicht von Dauer sein konnte, dass auch er Alter, Krankheit und Tod ausgesetzt war. Als Konsequenz zog er von dannen:

> noch in frischer Blüte, glänzend, dunkelhaarig, die glücklichste Zeit der Jugend genießend, im ersten Mannesalter, gegen den Wunsch meiner weinenden und klagenden Eltern, mit geschorenem Haar und Bart, mit blassem Gewand bekleidet, ging ich vom Haus weg in die Hauslosigkeit hinaus. (*Ariyapariyesanasutta*, MN I 163)

In dieser Schilderung beruht der Entschluss mehr oder weniger auf einer Überlegung, nicht aber auf auslösenden Erlebnissen.

In der «Gefängnis-Wiedergeburtsgeschichte» (*Bandhanāgārajātaka*) aus dem *Khuddakanikāya* fragen die Mönche den Buddha, als sie einen Gefangenen in Fesseln sehen, ob es noch andere, stärkere Fesseln gäbe. Daraufhin antwortet dieser, dass die größten Fesseln die Gier nach Geld, Getreide, Söhnen und Frauen seien, und erzählt von einem Bodhisattva, der in Vorzeiten seine Frau verlassen habe und die Welt geflohen sei, weil die Frau ihn durch die Geburt seines Kindes bei sich halten wollte.

Am weitesten verbreitet sind jedoch die Legenden, in denen Gautamas Lebenswende mit den vier Ausfahrten aus dem Königspalast in Verbindung gebracht wird. In einigen ausgeschmückten Biographien versuchte der Vater, diese Ausfahrten zu verhindern. Nach dem *Lalitavistara* versetzten die Götter alle Palastbewohner in einen Schlaf, so dass der Buddha mithilfe seines Stallknechts Chandaka hinausziehen konnte. In diesen Biographien ist die Weltflucht kein freier Entschluss, vielmehr ist Gautamas Weg als Bodhisattva vorbestimmt. Niemand kann verhindern, dass er ihn geht, und die Götter helfen ihm dabei, den richtigen Zeitpunkt für alle Entscheidungen zu finden.

Im *Lalitavistara* heißt es, dass der Vater Gautama erlaubte, den Park zu besuchen, nachdem er zuvor dafür gesorgt hatte, dass der Prinz nichts Widerwärtiges zu sehen bekommen würde. Aber die Gottheiten ließen ihn bei seiner Ausfahrt in der königlichen Kutsche drei abschreckende Personen und einen Mönch sehen, um ihm auf diese Weise zu helfen, den vorgezeichneten Erleuchtungsweg zu finden. Zunächst sah er

einen abgezehrten Greis, dessen Glieder von hervortretenden Adern überspannt waren, dessen Zähne Lücken zeigten, dessen Körper von Falten überdeckt war, dessen Haar ergraut war, der krumm und schief (...) geknickt, auf einen Stock angewiesen und leidend war. Die Kraft der Jugend war von ihm geflohen, und aus seiner Kehle kamen nur krächzende Laute. (LV 188; Übers. E. Waldschmidt, *Legende*, S. 86)

Als der Wagenlenker dem Prinzen erklärte, dass dies ein alter Mann sei, der von seinen Verwandten «wie ein Stück nutzloses Holz im Wald zurückgelassen» und verstoßen worden sei, sprach der Bodhisattva:

Oh wie jämmerlich, Wagenlenker, ist es dann bestellt um die Einsicht der Wesen, der unerleuchteten, törichten, die da, infolge ihrer Jugend von Übermut trunken, das Alter nicht sehen! Wende schnell den Wagen, ich will wieder nach Hause zurückkehren! Was sollen mir Spiele und Liebesvergnügungen, wenn das Alter auch von mir Besitz ergreift. (LV 189; Übers. E. Waldschmidt, *Legende*, S. 86)

In der zweiten Ausfahrt traf Gautama dann auf einen Kranken, und in der dritten auf einen Toten auf einer Bahre, begleitet von weinenden Verwandten. In der vierten Ausfahrt aber begegnete er einem Mönch, «ruhig, bezähmt, selbstbeherrscht, züchtig, ohne die Augen hin und her spielen zu lassen, den Blick vor sich auf den Boden gerichtet, sanft und vorsichtig dahinschreitend» (LV 191 f.). Dieser Bettelmönch beeindruckte Gautama so sehr, dass er beschloss, den gleichen Weg zu gehen.

Im *Lalitavistara* suchte der Buddha zuvor noch seinen Vater inmitten der Nacht auf und bat ihn, fortgehen zu dürfen:

«Genaht, o König, ist die Stunde meines Scheidens! Drum lege mir kein Hindernis mehr in den Weg und müh dich nicht zwecklos; dulde es denn mit deinem Volke und deinem ganzen Reich!»
Da sprach der König, tränenerfüllten Auges: «Gibt es denn kein Mittel, dich zurückzuhalten? Sprich doch! Welchen Wunsch du auch immer kundtust, ich will ihn erfüllen! Nimm hier die königliche Residenz, mich selbst und mein ganzes Reich!»
Mit wohlklingender Stimme antwortete der Bodhisattva: «Vier Gaben, o König, wünsche ich mir; wenn du mir die zu geben vermagst, will ich daheim bleiben. Immer wirst du mich dann im Hause sehen, und ich werde nie davonziehn! Ich wünsche, o König, dass das Alter nicht über mich kommen werde und ich ewig in blühender Jugend bleibe; dass ich gesund bin, niemals eine Krankheit mich packt, dass mein Leben ohne Ende ist, der Tod mich nicht findet! Dass endlich mein Schicksal von Glück überströmt und mich nie ein Unglück ereilt!»
Als der König diese Worte hörte, wurde er von Leid überwältigt und sprach: «Nicht einmal Seher, die ein ganzes Weltalter hindurch am Leben bleiben können, sind erlöst von den Schrecknissen von Alter, Krankheit, Tod und Unglück. Unmögliches verlangst du von mir, o Prinz; das steht nicht in meiner Macht!»
Da antwortete der Prinz seinem Vater: «Wenn du mir, o König, diese vier Wünsche nicht gewährst: Entrinnen aus den Schrecknissen von Alter, Krankheit, Tod und Unglück, so vernimm denn, dass jetzt mein einziger Wunsch ist, nicht wieder an ein neues Dasein gebunden zu werden, wenn ich einst dieses verlasse!»
Darauf kehrte der Bodhisattva um, stieg in seinen Palast hinauf und setzte sich auf sein Lager nieder. Niemand aber hatte etwas von seinem Weggehen oder seinem Wiederkommen bemerkt. (*Lalitavistara* II 198–200, Übers. E. Waldschmidt, *Legende*, S. 97 f.)

Erlösungssuche

Nach dem Verlassen des Palastes brach für Gautama eine harte Zeit an. Nach einigen Quellen sechs oder sieben Jahre lang, nach anderen Quellen aber nur unmittelbar nach dem Auszug, suchte er verschiedene Lehrer auf, die ihm helfen sollten, befreit zu werden. Doch er konnte von ihnen nichts lernen, was ihn befriedigte, und fand schließlich seinen eigenen Erlösungsweg.

Die Begegnungen mit anderen Asketen waren prägend für den Werdegang des Buddha, konnte er doch hier seine Einsichten in Abgrenzung zu anderen Positionen deutlich machen. Nach und nach prüfte er die gängigen Lehren und Methoden, aber selbst die attraktiven Lehren des Ārāda Kālāma, der den Bereich der Nichtsheit für die Erlösung anstrebte, und des Udraka Rāmaputra, für den es weder Wahrnehmung noch Nichtwahrnehmung gab, waren für ihn unzureichend. Er sprach beiden Lehrern die für die Erlösung unverzichtbaren Voraussetzungen ab: vertrauensvollen Glauben (*śraddhā*), Energie (*vīrya*), Achtsamkeit (*smṛti*), Sammlung (*samādhi*) und Weisheit (*prajñā*). Und bei beiden kam er zu dem Schluss:

> Nicht dient diese Lehre zur Abkehr, Leidenschaftslosigkeit, zum Aufhören, der Stilllegung, Durchschauung, nicht der Erleuchtung, nicht dem Nirvana. (*Majjhimanikāya* I 165, 240 oder II 93)

Auch die materialistischen, theistischen oder gnostischen Weltbilder konnte er nicht akzeptieren.

Daraufhin betrieb er – nach dem *Majjhimanikāya* in Urubilvā (südlich von Patna, nahe Bodhgayā) – an einem geeigneten Platz vor einer Höhle an einem Fluss strenge Askese, begleitet von fünf Jüngern. Hierüber berichtete er später Aggivesana, einem Andersgläubigen, das Folgende:

> Da dachte ich: Ich will meine Zähne aufeinanderbeißen, die Zunge an den Gaumen drücken und mit dem Geist die Gedanken niederhalten, niederdrücken, niederquälen!
> Und ich biss die Zähne aufeinander, drückte die Zunge an den Gaumen und hielt mit dem Geist die Gedanken nieder, drückte sie nieder, quälte sie nieder. Da floss mir aus den Achselhöhlen der Schweiß hervor. (...) Da war meine Kraft angespannt und zog sich nicht zurück, und meine Wachsamkeit war eifrig und nicht zerstreut; mein Körper war beunruhigt und in Aufruhr, weil ich durch solch schmerzensreiches Streben erregt war. Aber all diese Schmerzen, die sich in mir regten, konnten sich nicht meines Gemüts bemächtigen. (*Mahāsaccakasutta*, MN I 242)

Sodann versuchte Gautama denkerisch und körperlich die Erkenntnis zu erzwingen, indem er sich in atemlose Trance versetzte – mit der Folge von Kopfschmerzen und Ohrensausen.

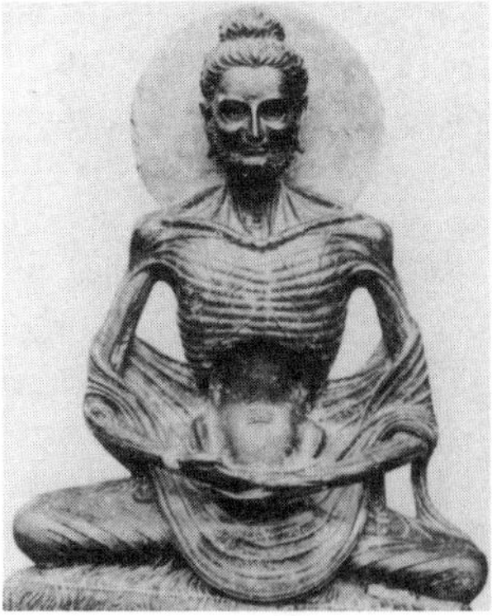

Der ausgezehrte Asket Gautama. Lahore, Pakistan, 2./3. Jahrhundert.

Immer schließt die Rede wie oben mit dem Hinweis auf die Ergebnislosigkeit der Schmerzempfindung. Auch übte er sich in allen möglichen Kasteiungen. Er lief nackt herum oder nur in Felle oder Leichentücher eingewickelt, fastete, schor und rasierte sich nicht, stand lange Zeit unbewegt, schlief ohne Dach über dem Kopf, wusch sich nicht und setzte sich extremer Hitze aus. Die Folge war, dass er abmagerte, ja beinahe verhungerte: ein beliebtes Motiv von Buddha-Darstellungen.

Wenn ich meine Bauchhaut fassen wollte, fasste ich mein Rückgrat, und wenn ich mein Rückgrat fassen wollte, fasste ich meine Bauchhaut: So haftete, weil ich so wenig zu mir nahm, meine Bauchhaut am Rückgrat. Und wenn ich Kot oder Urin entlassen wollte, fiel ich aufs Gesicht, weil ich so wenig zu mir nahm.
Um meinen Körper zu beleben, rieb ich mir die Glieder mit der Hand ein. Aber als ich mir die Glieder mit der Hand einrieb, fiel mir das Haar aus, dessen Wurzeln verfault waren. Als mich die Menschen sahen, sagten sie, ich sei schwarz oder gelb oder rotbraun, so verdorben war meine reine Hautfarbe, weil ich so wenig zu mir nahm. (*Mahāsaccakasutta*, MN I 246)

Der Buddha hat also – zumindest den Legenden nach – viel gelitten auf seinem Weg zur Erkenntnis. Aber diese Qualen führten ihn nicht zum Ziel. Im Gegenteil, er wendete sich von den in seiner Zeit und noch heute verbreiteten harten asketischen Methoden ab und verwarf sie, woraufhin ihn die fünf Jünger, die später seine ersten und treuesten Schüler wurden, verließen:

Da dachte ich: Alle Asketen und Brahmanen der vergangenen Zeiten, die durch (asketische) Anstrengung entstandene schmerzhafte, scharfe, beißende Empfindungen gefühlt haben: So weit höchstens sind sie gekommen und nicht weiter. […] Und doch erreiche ich durch diese scharfen Kasteiungen nicht die übermenschliche Errungenschaft, die die edle Erkenntnis und Einsicht ermöglicht. Der Weg der Erleuchtung muss wohl ein anderer sein. (*Mahāsaccakasutta*, MN I 246)

Daraufhin erinnerte sich Gautama an die selige Sorglosigkeit und das freudig-heitere Glücksempfinden unter dem Rosenapfelbaum in seiner Jugend, das mit der ersten Meditationsstufe gleichgesetzt wird, und begann wieder zu essen. Die Speise wurde ihm von einem (NK) oder zwei Mädchen (LV) gereicht. Körperlich gestärkt suchte er gemäß dem *Lalitavistara* einen Baum am Nairanjana-Fluss für die Meditation.

In den ausgeschmückten Buddha-Legenden ist die Vorbereitung zu diesem für alle Buddhisten wohl entscheidenden Wendepunkt in Gautamas Leben, durch welchen er schließlich zum Buddha wurde, mit glückverheißenden Zeichensetzungen versehen: Der Weg zum Fluss wurde ihm gewiesen, Götter begleiteten ihn, sein Körper strahlte, ein Thron war vorbereitet. Der Buddha setzte sich unter einem Baum in Bodhgaya zur Meditation nieder und beschloss:

Soll doch mein Körper hier auf dem Platz vertrocknen, mögen mir Haut, Knochen und Fleisch hinschwinden, bevor ich nicht die in vielen Weltzeitaltern schwer zu erlangende Erleuchtung erreicht habe, werde ich mich nicht von diesem Sitz regen. (LV 289, Übers. E. Waldschmidt, *Legende*, S. 149)

Am Ende predigte Gautama den Mittleren Weg, der frei von den Extremen der radikalen Erlösungslehren war. Er erlangte über vier Versenkungsstufen die Erleuchtung, zögerte aber zunächst, seine Lehre weiterzugeben. Schließlich machte er dies doch in der Nähe von Benares, wo er die fünf Jünger wieder traf, die ihn verlassen hatten, als er seine Askese abgebrochen hatte.

Versuchungen

Nach dem *Lalitavistara* wurde Gautama vor seiner Erleuchtung von seinem Widersacher Māra und dessen Töchtern in seiner Standhaftigkeit geprüft. Abgesehen von einer kurzen Erzählung fehlen im Pāli-Kanon aber diese Episoden, und auch in den anderen ausgeschmückten Biographien sind die Varianten eher unerheblich.

Viele Texte berichten von Kämpfen zwischen dem Gautama und Māra, bei denen Māra immer wieder versuchte, sich anderer Mächte zu bedienen. So ließ er nach der *Nidānakathā* einen Wirbelwind oder Regen aus Steinen, Asche, Sand oder Schlamm auf ihn niedergehen, was aber alles nichts gegen die «Tugendmacht des großen Mannes» ausrichten konnte. Māra ließ eine große Finsternis ausbrechen, um Gautama zu ängstigen, aber durch dessen Glanz wurde sie aufgehellt. Auch versuchte Māra mit seinem Heer einen direkten Angriff, aber alle Waffen, die er auf Gautama schleuderte, verwandelten sich in Blumen und anderen Schmuck. Das Dunkle wurde hell, das Schreckliche angenehm, das Hässliche schön.

Es folgt im *Lalitavistara* (317 ff.) ein Streitgespräch, in dem Māra den Buddha immer wieder aufforderte, die Welt zu genießen. Aber der Buddha verwies auf seine guten Taten und großen Verdienste in früheren Existenzen, die Māra bezweifelte. Doch Gautama zeigte mit dem Finger auf die Erde als seinen Zeugen, woraufhin die Erdgöttin selbst erschien und alles bestätigte.

Dann schickte Māra seine schönen Töchter, die mit ihren zweiunddreißig Verführungskünsten Siddhārtha auch nicht von seinem Entschluss abbringen konnten, die Erleuchtung zu erlangen. Er blieb standhaft und rein, beklagte stattdessen noch einmal die Lüste als Keim des Leids und Wurzel des Unglücks.

Erleuchtung

Nach der vergeblichen Erlösungssuche durch Askese und den Versuchungen des Māra wurde Gautama im Alter von 35 Jahren zum Buddha, einem «Erwachten», der die Erleuchtung (*bodhi, sambodhi*) erlangt hat. Der Überlieferung nach geschah dies im Vollmond des Monats Vaishakha (April/Mai) im heutigen Bodhgayā unter einem Ashvattha- beziehungsweise Pipal- oder Pappelfeigenbaum (*ficus religiosa*). Der Baum wurde schon von Ashoka eingezäunt und durch königliche Edikte unter besonderen Schutz gestellt. Er wird noch heute verehrt, und viele glauben, es handele sich um den ursprünglichen Bodhi-Baum, obwohl der Baum spätestens 1876 durch einen Sturm entwurzelt wurde.

Das Erleuchtungserlebnis wird vergleichsweise knapp dargestellt, geht es dabei doch um ein geistiges Erlebnis, bei dem die äußeren Umstände weniger bedeutsam sind als die inneren. Auch hat die Überlieferung die Entstehung verschiedener Grundlehren, die vermutlich erst in späteren Jahren entwickelt wurden, auf diesen Tag der Erleuchtung verlegt. Das Ereignis selbst ist historisch nicht zu greifen. Im Wesentlichen gibt es zwei in bestimmten Texten miteinander verschränkte Erzählungen: Die Erleuchtung wird durch die Erinnerung an das Jugenderlebnis unter dem Rosenapfelbaum ausgelöst oder als Folge mehrerer Meditationen.

Nach dem *Majjhimanikāya* (*Mahāsaccakasutta*, MN I 247ff) geschah die Erleuchtung in mehreren Schritten beziehungsweise nach einigen Nachtwachen. Durch die Erinnerung an das freudigheitere Kindheitserlebnis unter dem Rosenapfelbaum, das auch als eine Art Versunkensein (*dhyāna*, Japanisch *zen*) bezeichnet wird, ließ sich der Buddha in vier Versenkungsstufen (*rūpadhyāna*, siehe unten S. 87–88) fallen, in denen schrittweise Nachdenken und Überlegungen, aber auch Freude und Glück zur Ruhe kommen und sich Achtsamkeit und Gleichmut einstellen.

Mit einem so gereinigten Geist erinnerte sich Gautama in der ersten Nachtwache an frühere Daseinsformen. Er besiegte dadurch die Unwissenheit und erlangte das Wissen. In der zweiten Nachtwache eröffnete sich ihm das Gesetz der karmischen Kausalität. Er erkannte, wie die Wesen entstehen und vergehen. Und in der dritten Nachtwache erkannte er die Vier Edlen Wahrheiten, die die Befreiung von Alter, Krankheit und Sorgen, also die Befreiung von Leid und Wiedergeburt, bedeuten. Gautama war erleuchtet.

Der Buddha hat also seine Erleuchtung durch Versuch und Irrtum selbst erreicht. Sie wurde ihm nicht durch einen Guru, einen Gott, durch eine Offenbarung oder ein Berufungserlebnis zuteil. Es war eine Erkenntnis ohne Berufung auf eine andere, vorherige Autorität. Gautama Buddha fand und verkündete eine selbst-evidente Wahrheit, die auch so bezeichnet wird. Am Ende seiner ersten Predigt fragte der Buddha seine Jünger, ob sie nun noch zu den Lehren der Asketen und Brahmanen zurückkehren wollten – das verneinten sie natürlich geflissentlich. Dann fuhr er fort:

«Sagt ihr nur das, was ihr selbst erkannt, eingesehen und verstanden habt?»
«Ja, Herr!»
«Wohlan denn, ihr Mönche. Eingeführt seid ihr, ihr Mönche, in dieser klar durchschaubaren Lehre, die unmittelbar wirksam, anregend, einladend und zum Ziel führend ist und die dem Verständigen, jedem für sich, verständlich ist.» (MN I 265)

Trotz seiner Erleuchtung wollte der Buddha aber nicht mehr sein als Mensch und Vorbild. Er wollte nichts verkünden, nichts voraussagen, nur helfen auf dem Weg der Erkenntnis:

Selbst ist man sich der Herr, wer könnte sonst wohl sein Herr sein? Wenn man sich gut beherrscht, erlangt man einen Herrn, der sonst nirgendwo zu finden ist. (Dhp 160)

Die erste Predigt

Auch über die Ereignisse gleich nach der Erleuchtung gibt es unterschiedliche Darstellungen. Dem Kern der Überlieferungen nach begab sich der Buddha nach seiner Erleuchtung nach Benares, um im Gazellenhain seine erste Predigt zu halten. Mit dieser Predigt endet die fortlaufende Biographie im Pāli-Kanon.

Nach dem *Vinaya* geschah Folgendes: Zunächst saß der Buddha sieben Tage unter dem Bodhi-Baum in Versenkung. Am Ende des siebten Tages stand er auf und ging vom Bodhi-Baum zum Banyan-Baum. Dort saß er wiederum sieben Tage, bis ein überheblicher Brahmane vorbeikam, den er über das wahre Wesen des Brahmanentums aufklärte. Die dritte Woche verbrachte der Buddha unter einem nach dem Schlangenkönig benannten Mucalinda-Baum. Als ein heftiger Sturm mit Regen aufkam, wölbte dieser schützend seine Haube über den Buddha – ein beliebtes Bild in der Buddha-Ikonographie. In der vierten Woche saß er unter dem Rājāyatana-Baum. Zwei Kaufleute, Trapusha und Bhallika, kamen vorbei und verehrten ihn mit Reiskuchen und Honig. Der Buddha aber konnte die Gaben nicht annehmen, weil ein Erleuchteter Speisen nicht mit den Händen entgegen-

Der Buddha setzt mit seiner ersten Predigt in Sarnath das Rad der Lehre in Gang, symbolisch dargestellt durch die Geste der beiden Hände. Sarnath, 5. Jahrhundert

nimmt. Erst die vier Hüter der Welten halfen ihm, indem sie ihm vier kristallene Almosenschalen aus den vier Himmelsrichtungen brachten. Die Kaufleute suchten sodann ebenfalls Zuflucht beim Buddha und seiner Lehre.

Der Buddha erkannte, dass die Lehre zu schwer und subtil für die Menschen ist, die an allen möglichen Dingen hängen. Er sagte:

Unter Mühen erkannte ich, jetzt gebe ich es auf, (die Lehre) zu verkünden. Diese Lehre verstehen nicht die, die von Gier und Hass beherrscht sind. Die Lehre geht gegen den Strom; sie ist weise, tief, schwer zu durchschauen, von leidenschaftlichen Menschen nicht zu sehen, unsichtbar für Unwissende. (Vin I 5)

Mit diesen Gedanken kam sein Geist fast zur völligen Ruhe. Doch Brahmā Sahampati, einer der Obergötter, beklagte, dass die Welt zugrunde gehen werde, wenn der Buddha die Lehre nicht predigte. Brahmā Sahampati bittet daher den Buddha:

Möge der verehrungswürdige Erhabene die Lehre verkünden, möge der Vollkommene Erwachte die Lehre verkünden. Es gibt Lebewesen, die von Natur aus wenig Staub auf den Augen haben, durch das Nichthören der Lehre gehen sie zugrunde; es wird Wesen geben, die die Lehre verstehen. (Vin I 5)

Da erbarmte sich der Buddha und lehrte für «die, die Ohren haben, sie zu hören». Er verwendete dabei das Bild vom Lotosteich, in dem einige Lotosblüten herausragen, klar und unbefeuchtet, während andere nicht aufgehen. Ebenso gibt es Menschen «mit wenig Staub auf den Augen», die leicht zu belehren sind; sie werden die Lehre verstehen. Als Brahmā Sahampati dies bemerkte, war er zufrieden und entwich.

Der Buddha wollte die Lehre sogleich verkünden und dachte zunächst an seine früheren Lehrer Ārāda Kālāma und Udraka Rāmaputra, um sie als erste zu belehren, erfuhr aber, dass sie verstorben waren. Daraufhin beschloss er, seinen fünf Jüngern die Lehre zu geben, weil er sie für fähig hielt, sie zu verstehen. Mit seinem göttlichen Wissen machte er sie im Gazellenhain in Sarnath bei Benares ausfindig und begab sich dorthin.

Unterwegs traf er auf den Asketen Upaka, der von der Erscheinung des Buddha tief beeindruckt war. Er fragte ihn nach seinem Lehrer. Aber als der Buddha ihm antwortete, dass er keinen Lehrer habe und alles seiner eigenen Weisheit verdanke, schüttelte Upaka nur den Kopf und zog von dannen. Zu ungewöhnlich war eine Haltung, welche die Macht eines Lehrers in Frage stellte.

Als der Buddha seine früheren Jünger traf, wollten diese nicht aufstehen und ihn nicht respektvoll grüßen. Sie trugen ihm noch nach, dass er sein asketisches Gelübde gebrochen und sich wieder einem in ihren Augen komfortablen Leben hingegeben hatte. Aber als sie ihn sahen, erhoben sie sich doch ehrfurchtsvoll, bereiteten ihm einen Sitz und begrüßten ihn als «Bruder». Der Buddha aber wollte als Heiliger oder vollkommen Erwachter angeredet werden. Als die Mönche noch dreimal zögerten und ihm Vorhaltungen machten, wiederholte er diesen Wunsch. Daraufhin waren die Jünger bekehrt, und der Buddha hielt die erste Predigt, die die Grundlehren des Buddhismus enthielt. So sprach er über den Mittleren Weg, die Vier Edlen Wahrheiten, den Achtgliedrigen Pfad, das Nicht-Selbst, das Entstehen-in-Abhängigkeit und das Nirvana. Damit war das Rad der Lehre in Gang gesetzt:

Der Erhabene hat in Benares, im Gazellenhain von Isipatana, das höchste Rad der Lehre in Bewegung gesetzt. Weder Asket noch Brahmane, weder ein Gott noch Māra können es zurückrollen; auch nicht Brahmā oder irgendjemand anders in der Welt. (*Dhammacakkappavattana*, SN V 423)

Die Jahre der Wanderschaft und des Lehrens

Die folgenden fünfundvierzig Jahre widmete der Buddha – dem Pāli-Kanon zufolge – ganz der Lehre. Meist zu Fuß zog er im Nordosten Indiens von Ort zu Ort, immer bereit, seine Lehre weiterzugeben. Nur zur Regenzeit verweilte er der Sitte nach an einem Ort. Neueren Erkenntnissen des Buddhismusforschers Oskar von Hinüber zufolge werden in den älteren Textschichten des Pāli-Kanons fast keine großen buddhistischen Städte genannt, wohl aber Marktplätze und Brahmanen-Dörfer.

In den nachkanonischen Kommentaren und der *Nidānakathā* soll der Buddha zunächst zwei Monate in Rajagriha verweilt haben, um anschließend zu seiner Vaterstadt Kapilavastu zurückzukehren. Dort vollbrachte er allerlei Wunder. So erzeugte er heftigen Regen nur für die, die nass werden wollten. Auch nahm er nacheinander seinen Vater, seinen Halbbruder Nanda und sogar seinen Sohn Rāhula in den Orden auf.

Bei seinen Lehrreden beantwortete er mal die Frage einer einzelnen Person, mal sprach er vor großen Zuhörerschaften. Er sprach zu Königen ebenso wie zu einfachen Leuten, selbst zu Prostituierten. Besonders ist auch der liturgische Stil der Predigten, der sich auch aus der Notwendigkeit erklärt, die Reden zunächst nur mündlich zu überliefern. So gibt es viele Wiederholungen und gleichförmige Passagen, in denen sich nur wenige Begriffe ändern.

Dem Buddha werden auch zahlreiche Gedichte, einprägsame Bilder und Gleichnisse in den Mund gelegt. Trotz solcher Stilmittel scheint immer wieder die Persönlichkeit eines Mannes durch, der schlagfertig, aber zugleich milde, einfühlsam und humorvoll war. Oft passte er sich dem Zuhörer an, redete von den Unterschieden der Menschen, denen es leichter oder schwerer falle, sich vom Leben zu lösen, wie es – ein Bild im *Laṭukikopamasutta* (MN I 450 f.) – einer Wachtel schwerer falle, sich von Fesseln zu lösen, als einem Elefanten.

Dennoch zeigte sich der Buddha in den Debatten gewandt und scharfsinnig. Mit Nachfragen und Widerlegungen entwaffnete er sein Gegenüber und führte es so schrittweise zur rechten Ansicht. Er predigte zu fast allen Fragen des Lebens und des Dharma, zu schwierigen philosophischen und spirituellen Fragen ebenso wie zum rechten Verhalten im Erwerbsleben oder in Ehe und Familie, über Götter ebenso wie über das Zähneputzen.

Oft zeigten die Predigten Wirkung, indem die Hörer die dreifache Zuflucht zum Buddha, zur Lehre und zum Orden suchten, sich zu den drei Juwelen (*triratna*) oder dem Buddhismus bekannten. Übereifrige Bekenner wies der Buddha aber immer wieder zurück.

In seinen Reden ging es ihm nicht darum, Recht zu behalten, sondern falsche Ansichten zurückzuweisen und so zu überzeugen. Lieber schwieg der Buddha, als um jeden Preis auf seine Wahrheit zu pochen – und lebte damit seine Lehre vor. Denn der Buddha schwieg bevorzugt bei metaphysischen, unerklärt gelassenen Fragen oder wenn die Gemeinde uneins war oder als Zeichen des Einverständnisses. Er schwieg aber nicht, weil er etwas nicht wusste oder verbergen wollte oder weil er die Menschen für unfähig hielt, die höchste Wahrheit zu erfassen. Er schwieg auch nicht, weil er ein Zyniker, Nihilist oder Agnostiker war, denn er war voll Mitleid für alle Geschöpfe. Sein Schweigen war sowohl existentiell als auch pädagogisch oder therapeutisch.

Ordensgründung

Als Kondanna, einer der fünf Jünger, die erste Predigt hörte, die der Buddha in Isipatana, dem heutigen Sarnath bei Benares, hielt, wurde er – dem *Mahāvagga* zufolge – zu einem, «der in den

Strom eintritt», und damit zu einem, der die erste Stufe der Erleuchtung erlangt hat. Er erkannte, dass alles, was entsteht, auch vergehen muss, und bat den Buddha, ihn als Mönch anzunehmen. Daraufhin sprach der Buddha:

Komm her, Mönch, gut erklärt ist die Lehre. Führe ein Leben in Reinheit, um das Ende des Leidens zu verwirklichen. (Vin I 12)

Dies war der Beginn der buddhistischen Gemeinde und des Mönchsordens (*saṅgha*).

Kurz danach wurden die anderen Jünger in einer einfachen Zeremonie zu Mönchen (*bhikṣu*, wörtlich «Bettelmönch») ordiniert. Der Buddha unterwies sie über das Nicht-Ich, also darüber, dass die Seele nicht unveränderbar und ewig ist. Nach dieser zweiten Predigt erlangten die Jünger die Erleuchtung und wurden zu *arhats* (als «Buddha» wird nur bezeichnet, wer die Erleuchtung selbst erlangt hat, also nicht von einem anderen Buddha unterrichtet wurde).

Von weiteren Ordinationen berichten das *Mahāvagga* (Vin I) und das «Sūtra von der viergliedrigen Gemeinde» (*Catuṣpariṣatasūtra*), ein alter Text, der ursprünglich wohl zum *Vinayapiṭaka* der Theravādins gehörte und dann in den *Sūtrapiṭaka* der Sarvāstivādins eingeordnet wurde. Beide erzählen unter anderem von Yasha, dem überdrüssigen Sohn eines reichen Kaufmanns aus Benares. Sein Vater wollte verhindern, dass dieser zum Mönch wurde, und eilte zum Buddha. Der aber bekehrte ihn zum Laienanhänger. Auch seine Ehefrau und vierundfünfzig Freunde Yashas folgten ihm, so dass der Orden in kurzer Zeit auf sechzig Mönche anwuchs.

Auf dem Rückweg nach Urubilvā bekehrte der Buddha dreißig Jünglinge, die sich in einem Waldstück mit ihren Frauen vergnügten und von einer Kurtisane bestohlen wurden. Anschließend ordinierte er den alten, angesehenen Asketen Urubilvā-Kāshyapa mit seinen fünfhundert Schülern, indem er viele Wunder vollbrachte. So entzündete er mit Feuer speienden Schlangen 1500 Opferfeuer, ging über das Wasser und vermochte Urubilvā-Kāshyapas Gedanken zu lesen. Daraufhin wandten sich auch die beiden Brüder Urubilvā-Kāshyapas mit ihren Schülern dem Buddha zu. In der «Feuerpredigt» (*Ādittapariyāyasutta*, Vin I 24 ff) brachte er tausend ehemalige Asketen vom vedischen Feueropfer ab und lehrte sie, die inneren Feuer der Begierde, des Hasses und der Verblendung zu löschen.

Mit seiner neuen Anhängerschaft begab sich der Buddha nach Rājagriha, wo er auf den König Bimbisāra von Magadha traf. Urubilvā-Kāshyapa erklärte hier den Menschen, er sei nun Schüler des Buddha und nicht mehr selbst Lehrer. Am nächsten Tag bekehrte der Buddha den König samt seinem Gefolge zu Laienanhängern. Daraufhin bewirtete der König den Buddha und die Mönche eigenhändig und stiftete zutiefst beeindruckt einen Bambushain, der zum ersten Klosterbesitz der jungen buddhistischen Gemeinde wurde. Mit dieser Bekehrung weitete sich der Einfluss des Buddha erheblich aus. Später bekannte sich auch Prasenajit, der König von Koshala, zum Laienanhänger.

Für den Orden war überdies die Ordination von Shāriputra und Maudgalyāyana wichtig, zweier Schüler des geschätzten Lehrers Sanjaya. Sie erlangten rasch die Heiligkeit und wurden wegen ihrer intellektuellen und meditativen Fähigkeiten zu den beiden Hauptjüngern des Buddha, offenbar nicht nur zur Freude aller Mitmönche. Die Aufnahme von zwei weiteren bedeutsamen Schülern und Vettern des Buddha wird im Pāli-Kanon eher beiläufig erzählt: Ānanda, der spätere persönliche Betreuer und Lieblingsschüler des Buddha, sowie Devadatta, der in jüngeren Textschichten für eine Spaltung der Gemeinde verantwortlich gemacht wird.

Die Anhängerschar des Buddha wurde nach Berichten des Pāli-Kanons so groß, dass sie nicht überall gern gesehen wurde. Denn wenn Tausende Bettelmönche die Bewohner einer Stadt um Almosen bitten und mitunter die besten Söhne mitnehmen, kann die zunächst freudige Atmosphäre schnell in eine feindliche Stimmung umschlagen. Man befürchtete, dass dadurch Familien aufgelöst würden und die Frauen alleine zurückblieben. Aber auch innerhalb des Ordens gab es offenbar Unruhe. Nicht alle ordinierten Mönche erwiesen sich als fest im mönchischen Gelübde (siehe unten S. 49f.), so dass der Buddha eine Reihe von disziplinierenden Regeln erließ: Die Mönche sollten die Almosengaben schweigend nehmen, bescheiden auftreten und sich angemessen kleiden. Sie hatten den Älteren gegenüber Respekt zu zeigen und die Almosenschale sowie ihre Lagerstätte sauber zu halten.

Zwar gehörten die Mönche zum Leben des Buddha; gleichwohl ist umstritten, ob er tatsächlich den Orden mit seinen Regeln gestiftet hat. Offenbar war er hierbei unschlüssig. Er sagte nur, als Ānanda besorgt war, er könnte hinscheiden, ohne einen Nachfolger für die Leitung des Ordens ernannt zu haben:

> Alle diejenigen, die jetzt oder nach meinem Hinscheiden verweilen, indem sie sich selbst zur Leuchte (oder Insel), sich selbst zur Zuflucht dienen und keine andere Zuflucht besitzen, (...) diese Mönche werden (...) unter denen, die Schulung begehren, an der Spitze stehen. (*Mahāparinibbānasutta*, DN II 101)

Obwohl diese Worte das Vertrauen des Buddha auf eine Selbstorganisation des Ordens belegen, geht dessen Stiftung und die Einrichtung seiner ersten Klöster wohl auf den Buddha selbst zurück. Dafür sprechen Stellen im Pāli-Kanon, in denen von Stiftungen die Rede ist. So etwa im *Vinaya* (II 154), wo es heißt, dass Anāthapindika, ein reicher Bürger und einer der freigebigsten Laienanhänger, den ganzen Park des Prinzen Jeta mit Goldstücken auslegen ließ und auf diese Weise kaufte, um ihn dem Buddha zu schenken. Nachdem auch der Prinz dort ein Tor errichten ließ, hat der *Nidānakathā* zufolge der Buddha an gleicher Stelle ein Kloster errichten lassen.

Auch die Stiftung des Nonnenordens schreibt der Pāli-Kanon dem Buddha selbst zu. Demnach ordinierte der Buddha seine Pflegemutter Mahāprajāpatī Gautamī als erste Nonne. Sie war nach dem Tod seines Vaters Shuddhodana zu ihm gekommen und hatte ihn dreimal um die Aufnahme in den Orden gebeten. Als der Buddha dies ablehnte, folgte sie ihm und ließ sich das Haar scheren, um ihm zu zeigen, wie ernst es ihr war. Nur durch die Vermittlung von Ānanda willigte der Buddha ein, verlangte aber von den Nonnen, acht zusätzliche Regeln einzuhalten. So sollten sie den Mönchen untergeordnet sein und die Regenzeit nur in Gegenwart eines Mönchs verbringen. Am Beichttag müssten sie durch Mönche unterwiesen werden, es gab eine Beicht- und Berichtspflicht gegenüber den Mönchen, eine Strafe bei Verstoß gegen die Regeln, eine zweijährige Probezeit, das Verbot, einen Mönch zu beschimpfen, und das Verbot, Mönche anzusprechen. Trotz seiner Zustimmung blieb der Buddha aber gegenüber der Nonnenordination skeptisch und meinte, dass so seine Lehre nur fünfhundert statt tausend Jahre andauern werde.

Das frühbuddhistische Mönchswesen war relativ neuartig, vor allem die Organisation; weltflüchtige Askese als Lebensform jedoch war zu jener Zeit weit verbreitet. Es gab sie als Reaktion auf den aufwendigen Opferritualismus der Brahmanen, als Lebensform nicht-vedischer Heilssuchender mit magischen, schamanistischen Praktiken und später auch als ethisierte, philosophische Form der Askese. Zwar finden sich solche Askeseformen auch im frühen Buddhismus, zwar sind Zölibat, Besitzlosigkeit, Wanderschaft oder Bettelwesen keine Erfindungen des Buddha, doch hat dieser eine Askeseform geschaffen, die den Kontakt zu den Laien und der Bevölkerung nicht abreißen ließ. Dennoch durfte nicht jeder Mönch werden – ausgeschlossen waren zum Beispiel Soldaten im aktiven Dienst, Verbrecher, Gebrandmarkte, Verschuldete, Sklaven, Kranke und Menschen, die in der Gesellschaft am Rande standen.

Der Buddha richtete sich damit kaum gegen bestehende Herrschaftsstrukturen der Gesellschaft, obgleich auch er wie andere Asketen eine entschiedene Abkehr von der Familie verlangte. Doch lobte er einmal einen Mönch, der sich nicht ungerührt zeigte, als ihm seine ehemalige Frau ihren neugeborenen Sohn brachte (*Saṅgāmajisutta*, Ud 5).

Die Aufnahme in den Orden entwickelte sich mehr zu einem zivilen Rechtsakt als zu einem Weiheritus. Sie geschah (und geschieht) in zwei Etappen: durch das Hinausziehen (*pravrajyā)* in die Hauslosigkeit mit der Aufnahme in den Kreis der Mönche im Status eines Novizen (P. *sāmaṇera*) und durch die Ordination (*upasampadā*, wörtl. »Hinzutreten») als Vollmönch mit Rechten und Pflichten.

Das Mindestalter für den Eintritt in das Noviziat betrug sieben bis acht Jahre, doch musste man fünfzehn Jahre alt sein (gerechnet vom Zeitpunkt der Zeugung), um die Niedere Weihe, und zwanzig Jahre, um die Vollordination erhalten zu können. Ein Austritt aus dem Orden war jederzeit möglich, ebenso ein Wiedereintritt.

Nach dem *Mahāparinibbānasutta* (DN II 76) wird der Orden nicht untergehen, solange es Versammlungen und Eintracht gibt, keine Neuerung eingeführt und Geltendes nicht aufgehoben wird, die Mönche nach den Regeln der Disziplin leben, die Altmönche und Ordensväter achten, nicht der Gier unterliegen, im Wald hausen und es schätzen, dass gleichgesinnte Mitmönche von weit her zu ihnen kommen und auch die vor Ort lebenden Mönche sich wohlfühlen.

Aus diesen Prinzipien entwickelten sich Ge- und Verbote, die das Ordensleben grundlegend bestimmten:

- Die Aufforderung zu Eintracht verlangt Respekt gegenüber den Älteren.
- Das Armutsgebot lässt als persönlichen Besitz nur drei Gewänder, Almosentopf, Rasiermesser, Nadel (und Faden), Gürtel, Wasserfilter (Tuch) sowie Sandalen zu. Klöster freilich können Besitz (Geld und Grundbesitz) haben und sich dadurch erhalten und ausbreiten.
- Das Bettelgebot bannt die Gefahr der Isolation; es stellt einen steten Kontakt zwischen Mönchen und Laien her und macht den Buddhismus zu einer missionierenden Religion.
- Das Arbeitsverbot verhindert, dass die Klöster, wie etwa häufig im Christentum, autark werden und sich abkapseln.
- Das Wandergebot bewirkt, dass die Mönche umherziehen müssen, nur unterbrochen durch die Regenzeit, in der sie an einem Platz verweilen sollen.
- Das Gleichheitsgebot führt dazu, dass ein Abt zwar das Kloster leitet, Beschlüsse aber einstimmig gefasst werden müssen.
- Das Reinheitsgebot zwingt die Mönche, eine Reihe von Vorschriften des Beichtformulars (*prātimokṣa*) einzuhalten. Alle vierzehn Tage kommt das Mönchskapitel zusammen, bei dem ein Mönch die 250 Regeln des *prātimokṣa* vorträgt und die Mönche fragt, ob sie rein sind; später kommt eine explizite Beichte hinzu. Die Beichtfeier (*uposatha*) wird zum Symbol für die Reinheit des Ordens.

Durch diese Struktur entstand eine Spannung zwischen dem einzelnen, Erlösung suchenden Mönch und den Orden und Schulen. Die Frage kam auf, ob der Mönch eine egoistische, nur auf das eigene Heil bedachte, weltflüchtige Haltung favorisieren oder sich der Menschheit mit einer allgemeingültigen Ethik zuwenden sollte. Ausgedrückt findet sich diese Frage in zwei Mönchstypen: dem *pratyekabuddha* (vermutlich «der für sich Erwachte»), einem einzelgängerischen Asketen, der seine Erleuchtung einem ergreifenden Erlebnis verdankt, seinen eigenen Weg geht und die Lehre nicht weitergibt; und zum anderen dem *samyaksambuddha* («der vollkommen Erwachte»), der die Lehre und seine Erfahrungen weitergibt. Auch der Buddha schwankte offenbar zwischen dem Wunsch nach stillem Alleinsein und der Hinwendung zu den Nächsten. So gab es schon im frühen Buddhismus sowohl die individualisierte Heilssuche als auch sozialpolitische und karitative Ansätze wie Mitleid und Hilfe für Arme, Kranke und Tiere oder Predigten gegen Verschwendung von Reichtum.

Der Tod

Es gibt nur wenige zusammenhängende Berichte über das spätere Leben des Buddha bis zu seinem Tod. Häufig handelt es sich nur um kurze Hinweise auf den Ort der Predigten und die Personen, denen er begegnete. Zwar haben einige Kommentatoren versucht, die Stätten, die der Buddha auf seiner nahezu 45-jährigen Wanderschaft durch Nordindien aufgesucht hat, in eine chronologische Reihenfolge zu bringen, doch sind die Anhaltspunkte historisch höchst ungewiss.

Erst für die Ereignisse vor seinem Tod und dem Eingang ins Nirvana gibt es ausführlichere Quellen. Hier berichtet nicht nur der Pāli-Kanon wieder detaillierter, auch die Sanskrit-Texte, allen voran das in Zentralasien gefundene «Sūtra vom vollständigen Erlöschen» (*Mahāparinirvāṇasūtra*), sowie chinesische und tibetische Übersetzungen bieten wertvolle Ergänzungen.

Nach verschiedenen Episoden, in denen der Buddha noch letzte Belehrungen und Anweisungen gab, gelangte er schließlich nach Vaishālī. Hier erkrankte er während der Regenzeit so heftig, dass sein Lieblingsjünger Ānanda sich Sorgen machte, er könnte sterben, ohne seine Lehre hinreichend mitgeteilt zu haben. Ānanda bat ihn, doch noch etwas über die Bestimmung und Leitung des Ordens zu sagen. Aber der Buddha antwortete nur, dass man sich selbst zur Leuchte nehmen solle.

Der Buddha erholte sich leidlich von der Krankheit, aber sein Ende deutete sich mehr und mehr an. Ānanda bedeutete er, dass er selbst sein Leben verlängern könne, wenn man ihn darum bitte. Aber Ānanda bezog diesen Hinweis nicht auf den Buddha, wofür er sich später beim ersten Konzil der Mönche rechtfertigen musste.

Māra erinnerte den Buddha an sein Versprechen, in das Nirvana einzugehen, sobald er seine Lehre verkündet habe. Der Buddha sagte dies zu und verkündete, dass er in drei Monaten dahinscheiden werde. Er versank in eine tiefe Meditation, woraufhin die Erde bebte; anschließend kündigte er an, dass er seinen Lebenswillen aufgeben werde.

Wenig später lud ein Schmied ihn zum Essen ein. Es gab ein regionales Gericht, von dem die Mönche zwar den Namen (P. *sūkaramaddava*), nicht aber die Zusammensetzung überlieferten – vielleicht war es zartes Schweinefleisch. Der Buddha hielt die Speise für bedenklich und bat sogar, sie nicht anderen Mönchen anzubieten. Aber er nahm sie aus Höflichkeit zu sich. Prompt erkrankte er, vermutlich an der Ruhr. Geschwächt von immer wiederkehrenden Darmkrämpfen brach er nach Kushinagara auf.

Auf dem Weg legte er sich ermattet unter einen Sāl-Baum, der entgegen der Jahreszeit in Blüte stand. Ānanda bereitete ihm das Lager. Der Buddha wusste, dass er nun sterben würde, und wies Ānanda an, die Mönche davon abzuhalten, sich um seinen Leichnam zu kümmern; das würden schon andere besorgen. Ānanda zog sich weinend zurück, aber der Buddha rief ihn herbei, tröstete ihn und ermahnte ihn, dass man an nichts hängen solle, nicht einmal an seinem Meister.

In anderen Erzählungen fragte Ānanda, wie ihn denn Mönche, die ihn selbst nie getroffen hätten, verehren könnten. Der Buddha bestimmte daraufhin vier Stätten als Orte der Verehrung: seinen Geburtsort Lumbinī, den Ort seiner Erleuchtung (Bodhgaya), den Ort seiner ersten Predigt (Sarnath) sowie den Ort seines Nirvanas (Kushinagara). Damit begründete er das buddhistische Wallfahrtswesen.

Der Überlieferung nach soll Ānanda den Buddha auch gefragt

haben, wie man sich als Mönch den Frauen gegenüber verhalten solle. Der Buddha sagte, man solle sie möglichst nicht ansehen und nicht mit ihnen reden. Wenn es aber unvermeidlich sei, solle man ihnen bedachtsam und zurückhaltend begegnen.

Es folgten etliche weitere Belehrungen, auch sie sind deutlich spätere Einschübe. Noch einmal wies er darauf hin, dass die Lehre, nicht aber ein Meister die Mönche leiten solle. Er bot den Mönchen an, noch letzte Fragen zu klären, aber diese blieben stumm. Dann sagte er:

Wohlan, ihr Mönche, ich versichere euch: Die verursachten Dinge (*saṃskāra*) unterliegen dem Gesetz der Vergänglichkeit. Bemüht euch achtsam (um die Erlösung). (*Mahāparinibbānasutta*, DN II 120)

Dies waren nach dem *Dīghanikāya* die letzten Worte des Buddha. Danach fiel er in einen Zustand frei von sinnlicher Wahrnehmung – die Überlieferung macht daraus das Eingehen in verschiedene Meditationsstufen – und starb. Buddhisten bezeichnen das Ableben als «vollständiges Erlöschen» (*parinirvāṇa*).

Der Leichnam wurde erst am siebten Tag eingeäschert, vermutlich weil die Gemeinde auf Mahākāshyapa, einen der Hauptschüler des Buddha, warten wollte. Es wird berichtet, dass der Leichnam eingeölt und vorläufig eingesargt wurde und die Götter sich weigerten, den Scheiterhaufen brennen zu lassen, damit die Gemeinde auf Mahākāshyapa und seine Gefolgschaft von fünfhundert Mönchen warten konnte. Vor der Verbrennung verehrten Mahākāshyapa und seine Begleiter die Füße des Buddha. Auch der Akt der Verbrennung ist von Wundergeschichten begleitet.

Von der Asche und den verbliebenen Knochenresten sollen nach einem Streit acht Teile an bestimmte Stammesfürsten gegangen sein. Diese sollen sie mit zwei weiteren Teilen in Reliquienurnen gelegt haben. Zwei davon wurden von Archäologen gefunden, eine in Piprahva mit einer Inschrift in der sehr alten Brāhmī-Schrift. Auch um andere Teile des Leichnams entstand ein Reliquienkult, zum Beispiel um einen Zahn. So lebte das Andenken an den Buddha nicht nur in seinen Lehren, sondern auch in Ritualen weiter.

5. Der lehrende Buddha

Narren ohne Wissen wandeln hier
in dieser Welt, als ob sie ewig lebten;
für die jedoch, die gut die Gute Lehre kennen,
ist das Dasein wie die Nacht für einen Kranken. (Uv 22.2)

Es ist bezeichnend, dass die legendarischen Biographien besonders die Geburt, die Lebenswende und den Tod des Buddha ausmalen, hingegen die ältesten Textschichten des Pāli-Kanons darauf kaum eingehen. Immerhin waren die Jünger Anhänger der Lehre Buddhas und versuchten, seiner Aufforderung zu folgen, ihn als Person nicht zu wichtig zu nehmen. Sie überlieferten daher eher die Lehre, nicht so sehr seine Lebensgeschichte, hatte doch der Buddha den kranken Mönch Vakkali belehrt:

Wer die Lehre sieht, Vakkali, sieht mich, und wer mich sieht, sieht die Lehre. Denn die Lehre sehen bedeutet mich sehen, und mich sehen bedeutet die Lehre sehen. (*Vakkalisutta*, SN III 120)

Die erste Predigt des Buddha ist in allen Pāli- und Sanskrit-Texten nahezu identisch. Dies lässt vermuten, dass sie auf den Buddha selbst zurückgeht. Und doch spricht der lehrende Buddha nicht direkt zu uns. Vielmehr sind die Lehren über die Jahrhunderte kanonisiert, das heißt gefiltert, bereinigt und geordnet worden. Zu uns spricht also nicht eine historische Person, sondern ein Buddha, dem zurückblickend dieses oder jenes in den Mund gelegt wurde. Der authentische Kern der Lehren des Buddha bleibt weiter zu ermitteln.

Hinzu kommt, dass der Buddha eigentlich kein Wortprediger sein wollte. Im Großen und Ganzen wollte er nicht verkünden oder voraussagen, nur anderen auf dem Weg zur Erkenntnis und Erlösung helfen. In diesem Sinne sind die Lehrreden zu verstehen.

Den Buddha als Lehrer muss man sich also als Mittler vorstellen, der niemanden an sich fesseln wollte, sondern auf einem selbst gefundenen Weg voranschritt und andere dabei mitnehmen wollte. Er sah sich als «Führer auf dem Heilspfad, Weltenkenner, unübertrefflicher Menschenerzieher, Lehrer von Göttern und Menschen» (DN I 49) und als bloßes Hilfsmittel an, das man wie ein Floß nach der Überquerung eines Flusses zurücklässt:

> Gleich einem Floß, ihr Mönche, verkünde ich euch die Lehre, zum Überqueren, nicht aber zum Festhalten. (*Alagaddūpamasutta*, MN I 134)

Die Wirkung der Lehrreden muss groß und nachhaltig gewesen sein. Immer wieder schließen die Berichte mit dem Bekenntnis des Belehrten zum Buddha. Dies geschieht oft nach einem bestimmten Muster: Wenn der Hörer bereit ist, die Lehre zu hören, setzt sich der Buddha ihm zur Seite und verkündet die Segnungen der Askese und die Vier Edlen Wahrheiten (siehe unten S. 59). Daraufhin überwindet der Hörende alle Zweifel und gewinnt festes Vertrauen in den Meister und seine Lehre.

Der Stil der dem Buddha zugeschriebenen Lehrreden ist unterschiedlich. Meist handelt es sich um eingehende Monologe und Dialoge in Prosa, mal um kurze Gedichte. Er verwendet Gleichnisse und kurze Geschichten ebenso wie lange philosophische Abhandlungen. Streitsüchtig sind die Texte nie, wohl aber mitunter scharfzüngig, besonders wenn er sich gegen den Kastengeist und die Arroganz von Brahmanen wendet. Dann zerpflückt der Buddha, keineswegs immer nur milde und gütig, die gegnerischen Argumente und wird zu einem gefürchteten Gesprächspartner. Überhaupt lässt er einen Brahmanen nur dann Brahmane sein, wenn dieser sich nicht etwa auf seinen gottgleichen Status, seine priesterliche Abstammung oder sein Wissen des Veda beruft, sondern wenn er tugendhaft und weise ist.

Dem Buddha sind aber theologische Fragen und theoretische Probleme im Grunde nur wichtig, wenn es um die Erlösung geht. Und wer die Erlösung mit Denken allein erreichen will, der ist nach wie vor im Vergänglichen und damit Leidvollen verhaftet. Das ist nur

> ein Dickicht der Meinungen, eine Wildnis der Meinungen, eine Verrenkung der Meinungen, ein Durcheinander der Meinungen, eine Fessel der

Meinungen, voll Leid, voll Verderblichkeit, voll Anstrengung, voll Qual. (*Aggivacchagottasutta*, MN I 484)

Die solchen Meinungen anhängen, heißt es an anderer Stelle,

gleichen den Blindgeborenen, die man einen Elefanten hat betasten lassen: der eine hat den Kopf, der andere den Rüssel, der dritte den Schwanz betastet, und nun heißt es ‹der Elefant sieht so aus› – ‹nein, er sieht so aus›, bis der Kampf der Meinungen in einen Kampf der Fäuste übergeht. (*Paṭhamanānātitthiyasutta*, Ud 68)

Der Buddha war offensichtlich vom Streit der Gelehrten eher angewidert. Er beteiligte sich jedenfalls kaum daran. Wer ihm glaubte, musste mit ihm gehen und nicht nur seine Meinung, sondern sein Leben ändern. Für ihn gab es nur einen Geschmack im Meer (der Meinungen), nämlich das Salz, und

so ist auch, ihr Mönche, diese [meine] Lehre und diese Ordensdisziplin nur von *einem* Geschmack durchdrungen, vom Geschmack der Erlösung. (Vin II 239)

Die Überlieferung hat die Lehre des Buddha verfeinert, ausgelegt, kommentiert, in stilisierten Lesungen ritualisiert und überhöht. Sie vergleicht die Macht der Verkündigung mit dem Ruf eines Löwen und legt dem Buddha diese Worte in den Mund:

In der Abendzeit, tritt, ihr Mönche, der Löwe, der König der Tiere, aus seiner Höhle hervor. Nachdem er aus seiner Höhle hervorgetreten ist, reckt er seine Glieder, und aufgerichtet blickt er rundherum in alle vier Richtungen. Während er so rundherum in alle vier Richtungen blickt, lässt er dreimal den Löwenruf erschallen, und nachdem er dreimal den Löwenruf erschallen ließ, geht er auf Beute aus. Alle jene Tiere, die den Ruf des brüllenden Löwen, des Königs der Tiere, hören, werden da üblicherweise von Furcht, Erregung und Angst überwältigt. Die in Höhlen leben, verkriechen sich in ihre Höhle, die im Wasser leben, ins Wasser, die im Wald leben, in den Wald, und die Vögel erheben sich in den Luftraum. Selbst die Elefanten des Königs, die in den Dörfern, Städten und königlichen Marställen mit starken Seilen angebunden sind, zerbrechen und zerreißen ihre Fesseln, und aus Angst Kot und Harn lassend, fliehen sie hierhin und dorthin. So große Macht über die Tiere hat, ihr Mönche, der Löwe, der König der Tiere, so große Gewalt, so große Herrschaft.

Ebenso, ihr Mönche, ist es, wenn ein Vollendeter in der Welt erscheint, ein Heiliger, ein vollkommen Erwachter, ein in Wissen und Wandel Vollende-

ter, ein Gesegneter, der Weltenkenner, ein unvergleichlicher Lenker der zu zähmenden Menschen, ein Lehrer für Götter und Menschen, ein Erwachter, ein Erhabener. Er verkündet die Lehre. (...)
Selbst jene langlebigen Götter, ihr Mönche, auch sie werden alle von Furcht, Erregung und Angst befallen, wenn sie die Lehre des Vollendeten hören (und sagen): «Ach, wir sind doch vergänglich, die wir uns unvergänglich wähnten! Ach, wir sind doch unbeständig, die wir uns beständig wähnten! Ach, wir sind doch nicht ewig, die wir uns ewig wähnten! Ach, also sind wir vergänglich, nicht beständig, nicht ewig, dem (Gesetz aller) Daseinsfaktoren unterworfen!»
So große Macht, ihr Mönche, hat der Vollendete über die Welt der Götter, so große Gewalt, so große Herrschaft! (*Sīhasutta*, SN III 84)

So wird die Wirkmächtigkeit der Lehre des Buddha immer wieder betont, indem auf die innewohnende, unwiderstehliche Wahrheit abgehoben wird. Das majestätische Löwengebrüll gilt im Buddhismus auch als wegweisend für den Umgang mit Angst und Sorgen.

Der Mittlere Weg

Wenn man durch die Kraft der Weisheit
die Vier edlen Wahrheiten schaut,
dann erkennt man jenen Weg,
der den Durst nach Werden tilgt. (Uv 12.1)

Der Buddha lehrte einen Ausgleich zwischen ausschweifender Sinneslust und asketischer Selbstqual. Diesen «Mittleren Weg» empfiehlt er seinen ehemaligen Gefährten und damit allen anderen Mönchen bei der ersten Predigt von Benares, mit der das Rad der Lehre (*dharmacakra*) in Bewegung gesetzt wurde. Der Mittlere Weg steht also am Anfang der buddhistischen Bewegung, die sich darin von anderen Asketenbewegungen, zum Beispiel der jinistischen, unterscheidet:

Zwei Extreme hat, ihr Mönche, der in die Hauslosigkeit Gegangene zu vermeiden: sich der niedrigen, gemeinen, weltlichen, unedlen und heillosen Sinneslust hinzugeben und sich der schmerzhaften, unedlen, heillosen Selbstkasteiung hinzugeben. Diese beiden Extreme hat der Vollendete gemieden und den Mittleren Pfad aufgefunden, der die Augen öffnet und wissend macht, der zur Beruhigung, zum Durchblick, zur Erleuchtung und zum Nirvana führt. (*Dhammacakkappavattana*, SN V 421)

Dann folgen die Vier Edlen Wahrheiten und der Achtgliedrige Pfad, der im Grunde selbst ein bedingungsloser Heilsweg ist, auf diese Weise aber mit dem Mittleren Weg gleichgesetzt wird.

In mehreren anderen Lehrreden taucht die Formulierung «diese Extreme vermieden habend» auf. Darunter wird nicht nur die Alternative zwischen Genusssucht und Askese verstanden, sondern auch die zwischen philosophischem Nihilismus (auch «Vernichtungslehre» genannt) und einer Ewigkeitslehre, welche die Ewigkeit des Selbst oder der Individualseele (*ātman*) postuliert. Aber selbst diese Lehre wollte der Buddha nicht beharrend und dogmatisch vertreten, wie ein Gespräch zwischen ihm und dem Wandermönch (P.) Vacchagotta verdeutlicht:

> «Gibt es, Gotama, einen *ātman*, ein wahres Selbst?» So angeredet, verharrt der Erhabene in Schweigen.
> «Also gibt es, Gotama, kein wahres Selbst?» Wiederum verharrte der Erhabene in Schweigen. Da erhob sich der Wandermönch Vacchagotta von seinem Sitz und ging weg. (*Ānandasutta*, SN IV 400)

Danach fragte Ānanda den Buddha, warum er die Fragen nicht beantwortet habe. Der Buddha wollte weder für die Ewigkeitslehre noch für die Vernichtungslehre Partei ergreifen und erklärte Ānanda, dass alle möglichen Antworten Vacchagotta in noch größere Verwirrung gestürzt hätten und daher sein Schweigen angemessen gewesen sei.

An einer anderen Stelle (*Soṇasutta*, AN III 347) wird der Mittlere Weg mit der Saite eines Musikinstruments verglichen. Ist sie zu wenig gespannt, entsteht ein Missklang. Ist sie zu stark gespannt, kann sie reißen. Nur wenn eine Saite die richtige, eben «mittlere» Spannung hat, klingt sie schön.

Leben ist Leiden

> Leidvoll sind alle gestalteten Dinge –
> wenn einer das erkennt durch Weisheit,
> dann wendet er sich ab vom Leid;
> dies ist der Weg zur Läuterung. (Uv 12.6)

Buddhas Rede vom Mittleren Weg schließt unmittelbar an seine selbstauferlegten Leidenserfahrungen an. Leid (*duḥkha*) steht auch im Zentrum der Vier Edlen (oder Hohen) Wahrheiten, die Hermann Oldenberg zu Recht als »Kern- und Angelpunkt« des Buddhismus bezeichnet hat:

Dies, ihr Mönche, sind die vier edlen Wahrheiten. Welche vier? Das Leiden, die Entstehung des Leidens, die Aufhebung des Leidens und der zur Aufhebung des Leidens führende Weg.
Was ist nun das Leiden (*duḥkha*)? Geburt ist Leiden, Alter ist Leiden, Krankheit ist Leiden, Tod ist Leiden, mit Unliebem vereint zu sein ist Leiden, von Liebem getrennt zu sein ist Leiden, nicht erlangen, was man begehrt und erstrebt, auch das ist Leiden, kurz die fünf Gruppen des Ergreifens (*upādānaskandha*) sind Leiden. Das heißt das Leiden.
Was ist die Entstehung des Leidens (*duḥkhasamudaya*)? Es ist der Durst (*tṛṣṇā*), der zur Wiedergeburt führt, der von Wohlgefallen und Begierde begleitet da und dort Gefallen findet. Das heißt die Entstehung des Leidens.
Was ist die Aufhebung des Leidens (*duḥkhanirodha*)? Es ist die restlose Ablehnung und Aufhebung dieses Durstes, der zur Wiedergeburt führt, der von Wohlgefallen und Begierde begleitet da und dort Gefallen findet, sein Aufgeben und seine Unterdrückung. Das heißt die Aufhebung des Leidens.
Und was ist der zur Aufhebung des Leidens führende Weg (*duḥkhanirodhagāminī pratipat*)? Es ist der edle Achtgliedrige Pfad, nämlich rechte Ansicht, rechtes Denken, rechtes Reden, rechtes Handeln, rechtes Leben, rechtes Streben, rechte Wachsamkeit und rechte Sammlung. Das heißt der zur Aufhebung des Leidens führende Weg. Das, ihr Mönche, sind die vier edlen Wahrheiten. (Vin I 10; Übers. Frauwallner, Geschichte I, 183 f.)

Leid wird damit zu einem grundlegenden Thema der buddhistischen Lehren, aber es ist umstritten, ob *duḥkha* auf allgemein menschliche Leidenserfahrungen (wie zum Beispiel in den ersten drei der vier Ausfahrten Gautamas), Meditationen, philosophische Erkenntnisse oder eine Mischung von diesen vier zurückgeht.

In der ersten der Vier Edlen Wahrheiten werden biologische und körperliche Vorgänge wie Geburt, Alter, Krankheit und Tod mit Leiden gleichgesetzt. In Parallelversionen ist von Kummer oder Trauer, Wehklage, Schmerz, Gram, Unmut und Verzweiflung beziehungsweise Unrast die Rede. Dabei darf nicht übersehen werden, dass in Indien die Geburt als Wiedergeburt auch in anderen Religionen als Teil einer leidvollen Kette gilt: Sie verunreinigt eher, als dass sie Glück verheißt. Sie bringt neues Leben, aber auch neuen Tod. Vor allem sind es die Zerfallsprozesse im Leben und speziell der Verfall des Körpers eines Menschen, welche die menschliche Grunderfahrung des Leidens ausmachen.

Genannt werden aber auch Formen des Leidens, die sich auf zeitliche und räumliche Trennungen beziehen, in erster Linie der Verlust von geliebten Personen oder Dingen. Hiermit wird zum Ausdruck gebracht, dass selbst die schönsten, glücklichsten Erfahrungen und Dinge aufhören oder verlorengehen können. Der Buddha geht aus diesem Grund erst gar keine Liebesbeziehung ein, jedenfalls nicht zu einem zeitlichen, das heißt vergehenden Objekt oder Menschen. Als sich einmal eine Mutter namens Visākhā, deren geliebte Enkelin gestorben war, dem Buddha näherte, um Trost zu finden, sagte der Buddha:

«Warum denn, Visākhā, hast du dich mit nassem Gewand und nassem Haar aufgemacht und bist zur heißen Tageszeit hierhergekommen?»
«Herr, eine liebe, herzige Enkelin ist mir gestorben; deshalb habe ich mich mit nassem Gewand und nassem Haar zur heißen Tageszeit hierher begeben.»
«Visākhā, möchtest du dir wohl so viele Söhne und Enkelkinder wünschen, als es Menschen in Sāvatthi gibt?»
«Erhabener, ich möchte mir wohl so viele Söhne und Enkelkinder wünschen, als es Menschen in Sāvatthi gibt.»
«Wie viele Menschen aber, Visākhā, sterben täglich in Sāvatthi?»
«Herr, es sterben in Sāvatthi täglich zehn Menschen, auch neun Menschen sterben täglich in Sāvatthi, auch acht ... auch sieben ... auch sechs ... auch fünf ... auch vier ... auch drei ... auch zwei Menschen sterben täglich in Sāvatthi, mindestens ein Mensch stirbt täglich in Sāvatthi. Kein Mangel, Herr, herrscht in Sāvatthi an sterbenden Menschen.»
«Was meinst du nun, Visākhā: Würdest du da wohl irgendwann und zu irgendeiner Zeit ohne nasses Gewand und ohne nasses Haar sein?»
«Gewiß nicht, Herr! Ich habe genug von so vielen Söhnen und Enkelkindern!»
«Die da hundert geliebte Wesen haben, Visākhā, die haben hundert Trübsale, [...] die drei geliebte Wesen haben, die haben drei Trübsale, die zwei geliebte Wesen haben, die haben zwei Trübsale, die ein geliebtes Wesen haben, die haben ein Trübsal; die nichts Liebes haben, die haben keine

Trübsal. Ich sage (dir): Diese sind ohne Kummer, frei von Staub, ohne Verzweiflung.» (Ud VIII 8; Übers. K. Seidenstücker, *Pāli-Buddhismus*, S. 87 ff., gekürzt)

Und dann folgt ein Vers, der sich auch im *Dhammapada* findet:

Deshalb vermeide, Liebe für irgendetwas zu empfinden. Der Verlust des Geliebten schmerzt immer. Wer weder Liebe noch Hass kennt, nur der steht fessellos da. Aus Vergnügen entsteht Kummer, aus Vergnügen ergibt sich Furcht. Wer (aber) nie nach Vergnügen verlangt, der bleibt frei von Kummer und Furcht. (Dhp 211–212)

So umfasst der frühbuddhistische Leidensbegriff seelische und körperliche Elemente, aber auch rein gedankliche und metaphysische. Schon die Erste Wahrheit ist in diesem doppelten Sinn zu verstehen: Es sind seelisch und körperlich schmerzhafte Empfindungen, die der Buddha als leidvoll deklariert:

Der Erhabene hat drei Arten von Empfindungen (*vedanā*) gelehrt: die angenehme, die schmerzhafte und die weder angenehme noch schmerzhafte. Der Erhabene hat aber auch gelehrt, dass jegliche Empfindung in den Bereich des Leidvollen fallend anzusehen sei. (*Rahogatasutta*, SN IV 216)

Die Erklärung des Leids ist auf diese Weise in ein philosophisches System gebracht. Es ist nicht wie etwa im Christentum Gott oder sein Widersacher, die Leid entstehen lassen, um den Menschen auf den rechten Weg zu bringen. Vielmehr verursacht der Mensch selbst sein Leid.

Der metaphysische Leidensbegriff geht also noch einen Schritt weiter. Er beruht auf Erkenntnis, nicht auf Schmerz. Er hängt mit Dauer zusammen und damit, dass selbst ein glückliches Leben nur so lange glücklich ist, als es dauert. Diese Lehre hat, wie noch zu vertiefen sein wird, wichtige Auswirkungen auf das Verständnis vom Selbst. So heißt es im *Saṃyuttanikāya*:

Was unbeständig ist, ist Leiden; was Leiden ist, ist Nicht-Selbst; was Nicht-Selbst ist, das ist nicht mein, das bin nicht ich, das ist nicht mein Selbst. (*Ajjhattāniccasutta*, SN IV 1)

Wenn der Mensch vergänglich ist, kann er nicht mit dem Ewigen oder Absoluten identifiziert werden, weil auch dieses dann vergänglich und leidvoll wäre. Das Selbst kann nicht dem Geschehen und Werden angehören; es kann sich daher auch nicht, wie in der hinduistischen Lehre von der Identität von Brahman (das Absolute) und Ātman (das Selbst), in der Welt des Werdens und Vergehens als Individualseele manifestieren.

Diese Rationalität des buddhistischen Leidensbegriffs lässt Pessimismus nicht zu. Leid ist nicht Weltschmerz, Mitleid, Verlassensein von Gott, Angst vor Sünde und Strafe. Es ist nicht die Folge einer Sünde oder der Fluch einer bösen Tat. Es führt nicht zu Märtyrertum, selbstauferlegter Sühne oder Selbstopfer. Leid ist im Buddhismus die Vergänglichkeit alles Entstandenen.

Aber auch der Buddhismus will das Leiden besiegen. Dabei ist sogar Erlösung zu Lebzeiten möglich. Aufhebung des Leids gibt es im frühen Buddhismus in erster Linie nur für den Einzelnen und nicht für den Nächsten, die Gemeinde oder die Welt. Erlösung folgt zwingend aus Erkenntnis und Praxis, ohne Vorbehalt und restlos, aber sie beruht nicht auf einem göttlichen Gnadenakt.

Alles ist unbeständig

> «Kinder habe ich und Geld!»
> So denkend wird der Narr getäuscht.
> Wenn nicht einmal ein Selbst vorhanden,
> wie kann es Kinder oder Reichtum geben? (Uv 1.20)

Alle Leiden sind, so heißt es in der Ersten Wahrheit, in den fünf Formen des Ergreifens oder Festhaltens an Unbeständigem begründet. Hiermit sind Gruppen oder Haufen (*skandha*) von elementaren Gegebenheiten (*dharma*) gemeint. Im Buddhismus ist *dharma* einer der vieldeutigsten und wichtigsten Begriffe: Er bezeichnet die karmische Weltordnung (darin durchaus noch dem Hinduismus vergleichbar), die Lehre des Buddha, die sittlichen Verhaltensregeln, die Manifestationen der Wirklichkeit (die Phänomene) und eben auch die elementaren Gegebenheiten oder Daseinsfaktoren, darunter auch die Bestandteile der Persönlichkeit.

Die Dharmas sind voneinander abhängig und in diesem Sinne bedingt, also nicht absolut. Das Bewusstsein zum Beispiel kommt nicht ohne Wahrnehmung zustande, diese wiederum nur durch Wahrnehmungsobjekte. Nur in ihrem Zusammenwirken machen die Dharmas die Wirklichkeit aus. Aber sie stehen im Gegensatz zum einzigen Unbedingten: dem Nirvana.

Vermutlich noch der Buddha selbst hat diese Dharmas in fünf Gruppen (*skandha*) zusammengefasst:

1. «Körper, Form, Körperlichkeit» (*rūpa*): Dies ist der physische Leib oder, besser, der aus den Elementen Feuer, Erde, Wasser und Wind gebildete Organismus mit seinen sechs Sinnesorganen (*indriya*), nämlich Auge, Ohr, Nase, Zunge, Tast- und Denkorgan (*manas*), denen jeweils Sinne und die Wahrnehmung äußerer Objekte entsprechen. Beides zusammen macht in einer späteren Begriffskette die zwölf Grundlagen des Bewusstseins (*āyatana*) aus. Hinzu kommen sechs Arten des Bewusstseins.
2. «Empfindung» (*vedanā*): Durch die Sinnesorgane entstehen Empfindungen. Gefühle wie angenehm (*sukha*) oder unangenehm, leidvoll (*duḥkha*), aber auch sechs Sinnesempfindungen, die sich auf die Sinnesobjekte (*viṣaya*) beziehen: Sehen, Hören, Riechen, Schmecken, Berühren und Denken.
3. «Begriffliche Wahrnehmung» (*saṃjñā*): Hierbei handelt es sich um Wahrnehmung und Vorstellung der durch die Sinnesorgane ausgelösten Sinnesempfindungen, die sich auf die Sinnesobjekte richten, z. B. die Farbe Blau, einen Baum oder eine Süßigkeit. Es sind die Widerspiegelungen der Objekte im Betrachter, Hörenden, Riechenden etc. Daraus entstehen:
4. «Willensakte, Geistesformationen» (*saṃskāra*): Das sind Akte, die zum Handeln und damit zu *karma* führen: Wünsche, Sehnsüchte, Absichten, oft synonym mit *cetanā*, «Willen», aber auch die aus vorherigen Leben fortwirkenden Willensakte und Taten.
5. «Geistiges Bewusstsein» (*vijñāna*): Diese Abstraktion ist die Fähigkeit des Erkennens, also Geist oder Intellekt. Dass das «geistige Bewusstsein» (*vijñāna*) nicht mehr absolut gesehen wird, etwa – wie in den zeitgleichen frühen Upaniṣads – als Identität zwischen der Individualseele (*ātman*) und dem Absoluten (*brahman*), muss man als eine wichtige Neuerung des frühen Buddhismus ansehen. Sie führt zu der weitreichenden Konsequenz, dass das *vijñāna* nicht das Selbst ist.

Diese Skandhas sind also leer, ohne Selbst (*anātman*), unbeständig (*anitya*) und daher leidvoll (*duḥkha*). Sie sind gebunden an

Ursache und Wirkung, denn sie weisen die drei Merkmale des Bedingten auf: Entstehen, Vergehen und Bestehen-und-Wandel. Sie machen das aus, was man einen Menschen nennt. Solange er unerlöst ist, eignet er sie sich bei der Wiedergeburt immer wieder neu an. Und weil die Skandhas zwar in ihrer Zusammensetzung, aber nicht in ihrem Bestand vergehen, ist der Mensch grundsätzlich leidend.

Ebenso wie die Teile eines Wagens zwar zusammen den Wagen ausmachen, aber nicht dessen Wesen sind, sind die fünf Skandhas die Merkmale des Menschen, aber nicht dessen eigentliches Wesen:

Der Erhabene sprach die fünf Mönche so an: «Die Körperlichkeit, ihr Mönche, ist nicht das Selbst. Wäre die Körperlichkeit das Selbst, ihr Mönche, so könnte die Körperlichkeit nicht Krankheit unterworfen sein, und man müsste von der Körperlichkeit sagen können: So soll mein Körper sein; so soll mein Körper nicht sein. Da aber, ihr Mönche, die Körperlichkeit ein Nichtselbst ist, deshalb ist die Körperlichkeit der Krankheit unterworfen, und man kann von der Körperlichkeit nicht sagen: So soll mein Körper sein; so soll mein Körper nicht sein. (Das Gleiche wird von den anderen vier Skandhas gesagt.) Wie meint ihr nun, ihr Mönche? Ist die Körperlichkeit beständig oder unbeständig?»
«Unbeständig, Herr.»
«Was aber unbeständig ist, ist das Leiden oder Freude?»
«Leiden, Herr.»
«Was aber unbeständig, Leiden und der Veränderung unterworfen ist, kann man davon, wenn man es betrachtet, sagen: Das ist mein, das bin ich, das ist mein Selbst?»
«Das kann man nicht, Herr.» (Vin I 13)

Das Gleiche wird dann wieder von den übrigen Skandhas gesagt. Die Zusammensetzung der Skandhas macht also die individuelle Persönlichkeit eines Menschen aus. Aber es ist leidvoll, daran festzuhalten. Man bezeichnet die Skandhas daher auch als Gruppe des «Anhaftens» (*upādāna*), weil die Gier, wörtlich der «Durst» (*tṛṣṇā*), sie an sich zieht. Nur Arhats und Buddhas, die die Gier besiegt haben, sind frei davon.

Gemäß dieser Erkenntnistheorie können mit der Wahrnehmung von Sinnesobjekten auch die zugerechneten Empfindungen durch die Sinnestore ins Bewusstsein treten. So wird etwa eine Süßigkeit als geformtes Objekt wahrgenommen, etwa als

Bonbon; aber mit der dem Objekt angehörenden, also im Grunde außerhalb des Menschen liegenden Süße werden Empfindungen oder Erinnerungen ausgelöst, die die Sehnsucht hervorrufen, das Bonbon lutschen zu wollen. In meditativen Prozessen, den sogenannten Achtsamkeitsübungen, geht es daher darum, ein Objekt so wahrnehmen zu können, dass die zum Objekt gehörenden Empfindungen ins Bewusstsein treten und man dennoch gleichmütig bleibt.

Das Entstehen in Abhängigkeit

Lass los vom Früheren, lass vom Späteren los,
lass los von dem, was in der Mitte liegt;
das Werden überwindend,
sei im Herzen losgelöst von allem,
dann wirst du nicht mehr Alter und Geburt erfahren. (Uv 29.57)

Die Lehre von den Skandhas ist eng verbunden mit einer weiteren für den Buddhismus grundlegenden Begriffskette, in der neben dem Durst das Nichtwissen für das Leid verantwortlich gemacht wird: mit der Formel von dem Entstehen in Abhängigkeiten (*pratītyasamyutpāda*), auch Konditionalnexus genannt.

«Die ursächliche Entstehung, ihr Mönche, werde ich euch aufzeigen, werde ich zerlegen. Hört gut zu, seid aufmerksam; ich werde sprechen!»
«Ja, Herr!», stimmten die Mönche dem Erhabenen zu.
Der Erhabene sprach dies: «Was, ihr Mönche, ist die ursächliche Entstehung? Aus dem Nichtwissen als Ursache, ihr Mönche (entstehen) die Gestaltungskräfte; aus den Gestaltungskräften als Ursache (entsteht) das Bewusstsein (...).» (*Paṭiccasamuppādasutta*, SN II 2)

Und so geht es weiter mit einer zwölfgliedrigen Kette, welche die Entstehung von Persönlichkeitsmerkmalen und damit Leid erklärt (siehe Tabelle S. 66). Es handelt sich um eine Kausalkette, deren Glieder auf das vorherige, das gegenwärtige und das zukünftige Leben verteilt sind. Nur das Verlassen dieses Kreislaufs ermöglicht Erlösung.

Nr.	Glieder	Sanskrit / Pāli	Vorheriges Leben
1	Nichtwissen	*avidyā / avijjā*	
2	Gestaltungskräfte, Impulse	*saṃskāra / saṅkhāra*	Gegenwart
3	Erkennen, Bewusstsein	*vijñāna / viññāṇa*	
4	Name und Form, Gestalt	*nāmarūpa*	
5	Sechs Gebiete des Bewusstseins, Sinnesorgane	*ṣaḍāyatana / saḷāyatana*	
6	Berührung	*sparśa / phassa*	
7	Empfindung	*vedanā*	
8	Durst, Gier, Sinnlichkeit	*tṛṣṇā / taṇhā*	
9	Ergreifen, Anhaften (am irdischen Leben)	*upādāna*	
10	Werden, Entstehen	*bhava*	Zukünftiges Leben
11	(Wieder-)Geburt	*jāti*	
12	Alter und Tod	*jarāmaraṇa*	

Diese Kausalkette liegt in verschiedenen Varianten und teilweise mit weniger Gliedern vor. Der Buddha hat sie selbst gelehrt, obgleich sie vermutlich in ihrer klassischen Form von Mönchen verfasst wurde. Der Buddha selbst hat sie als tiefgründig und schwer verständlich bezeichnet, und tatsächlich hat sie zu vielen Ausdeutungen und Schulstreitigkeiten geführt. Man kann sie so lesen, dass jeweils das vorherige Glied das nachfolgende verursacht. Aus Nichtwissen entstehen die Gestaltungskräfte, aus diesen das Bewusstsein usw. Einer wohl jüngeren Deutung zufolge betreffen die drei ersten Glieder das vorherige Leben, die Glieder vier bis neun das gegenwärtige, die drei letzten das zukünftige. Im Einzelnen können die Glieder so erläutert werden:

1. Am Anfang von Entstehen und Vergehen steht das Nichtwissen (*avidyā*): «Im Sūtra vom abhängigen Entstehen» (*Pratītyasamutpādasūtra*), einer in Nālandā erhaltenen Sanskrit-Inschrift, wird das Nichtwissen als allgemeine Unkenntnis beschrieben, an anderer Stelle auch als Unkenntnis der Vier Edlen Wahrheiten im vorherigen Leben. Hätte ein Einzelner das Wissen (*vidyā*) erlangt, hätte es für ihn auch

keine Wiedergeburt und damit kein Leid gegeben. Das Wissen ist also die Erlösung; das Nichtwissen hält aber den karmischen Kreislauf (*saṃsāra*) in Gang.

2. Das Nichtwissen bedingt die (karmischen) Gestaltungskräfte (*saṃskāra*), also Triebkräfte und Willensregungen, die zur Wiedergeburt führen. Das Nichtwissen lässt alles seelisch und körperlich Geformte und Gewordene (zum Beispiel Sprache, Gedanken oder Taten) und damit auch das Vergängliche entstehen.
3. Die Gestaltungskräfte bedingen das Erkennen beziehungsweise das Bewusstsein (*vijñāna*): In der Gegenwart formen sich die Gestaltungskräfte und Willensregungen im Mutterleib zu einer neuen Zusammenballung der Daseinsfaktoren (*skandhas*), deren Hauptrepräsentant das Bewusstsein ist. So kommt es zum Erkennen von Namen und Körperlichkeit der Objekte und seiner selbst, mithin erst zu der fälschlichen Annahme von Individualität und dadurch zur Wiedergeburt:

«Wenn Erkennen (bzw. Bewusstsein), Ānanda, sich nicht in den Mutterleib hineinsenkte, würden sich Name und Körperlichkeit im Mutterleib formen?»
«Nein, Herr!»
«Und wenn das Erkennen (bzw. Bewusstsein), Ānanda, nachdem es sich in den Mutterleib hineingesenkt hat, seinen Ort wieder verließe, würden Name und Körperlichkeit der Geburt an diesem Leben beteiligt sein?»
«Nein, Herr!»
«Und wenn das Erkennen (bzw. Bewusstsein), Ānanda, bei den Knaben oder Mädchen, während sie noch klein sind, wieder verlorenginge, würden dann Name und Körperlichkeit Zunahme oder Gedeihen erlangen?»
«Nein, Herr!» (*Mahānidānasutta*, DN II 63)

Wir haben es hier mit einem konsequenten erkenntnistheoretischen Subjektivismus zu tun: kein Erkenntnisobjekt ohne Erkenntnissubjekt, aber auch kein Erkenntnissubjekt ohne Erkennen. Daraus folgt, dass das Erkennen selbst schon das neue Leben entstehen lässt, da es ein geistiges Element ist, das über den anderen Elementen Erde, Wasser,

Feuer, Wind und Raum steht. Dieses Element sucht sich einen ihm gemäßen Mutterschoß.

4. Bewusstsein bedingt Name und Form (*nāma-rūpa*), aber Bewusstsein und *nāma-rūpa* sind komplementär voneinander abhängig: Nur durch das als karmischen Feinstoff gedachte Bewusstsein ist die Unterscheidung von Name und Form und damit Individualität möglich; es gibt keine vom Bewusstsein unabhängige und absolute Existenz von Name und Form.

   «Ich habe gesagt, dass das Erkennen (bzw. Bewusstsein) von Name und Form abhängig ist. Diese Wahrheit, Ānanda, ist wie folgt zu verstehen: Nimm an, Ānanda, Name und Form bestünden nicht, würden dann in Zukunft Geburt, Alter und Tod und das Entstehen des Leidens möglich sein?»
   «Nein, Herr!»
   «Deshalb, Ānanda, sind Name und Form die Ursache, Entstehung und Bedingung von Erkennen (beziehungsweise Bewusstsein).» (*Mahānidānasutta*, DN II 56)

   In diesem Paradox, dass *vijñāna* und *nāmarūpa* einander bedingen, liegt ein Grund für spätere Schulstreitigkeiten über die Realität der Außenwelt.

5. Name und Form bedingen die sechs Gebiete (*ṣaḍāyatana*): Nachdem das Bewusstsein die Individualität hat entstehen lassen und sich Geist und Körper bzw. Bewusstsein und *nāma-rūpa* zusammengetan haben, entstehen die sechs Gebiete oder Sinne des Subjekts, das heißt die Sinnesorgane Auge, Ohr, Nase, Zunge, Leib (als Organ für Tastempfindungen) und das Denkorgan, denen die sechs Gebiete der Objektwelt gegenüberstehen: Gestalt, Ton, Geruch etc.
6. Die sechs Gebiete (Sinne) bedingen die Berührung (*sparśa*) mit den Objekten: Der Mensch wendet die Sinnesorgane an; er sieht, hört, riecht, schmeckt, fühlt und be-greift die Objekte.
7. Die Berührung bedingt die Empfindung (*vedanā*): Aus der Berührung mit den Sinnesobjekten entstehen Eindrücke, Gefühle und Empfindungen.
8. Die Empfindung bedingt den Durst (*tṛṣṇā*): Die aus der Be-

rührung mit den Sinnesobjekten entstandenen Eindrücke verursachen den Durst oder die Gier nach mehr. Er ist die eigentliche Quelle des Leidens und der Wiedergeburt:

> Wie ein starker Baum, den man fällt und dessen Wurzeln unversehrt bleiben, wieder nachwächst, so wächst auch immer wieder dieses Leiden nach, wenn die Neigung zum Durst nicht völlig vernichtet ist. (Dhp 338)

Der Durst führt damit bereits in das nächste Leben, denn es ist der Lebensdurst. An anderer Stelle (*Cūḷavedallasutta*, MN I 299) wird der Durst näher bestimmt als Lüstedurst (*kāmataṇhā*), Werde- und Daseinsdurst (*bhavataṇhā*) und Vernichtungsdurst (*vibhavataṇhā*). Indem aus Empfinden Gier entsteht, entsteht der Keim zu neuem Leben. Umgekehrt gilt: Indem man diese Gier besiegt, ist Erlösung möglich, weil der Konditionalnexus unterbrochen wird.

9. Der Durst bedingt das Anhaften (*upādāna*): Denn was der Mensch begehrt, will er festhalten, und so kommt es zu dem verhängnisvollen Anhaften an den irdischen Existenzen, was die Schritte ins nächste Leben bedingt:
10. Das Anhaften bedingt das Werden (*bhava*): Es kommt zu Zeugung und neuem Werden.
11. Das Werden bedingt die (Wieder-)Geburt (*jāti*).
12. Die Geburt bedingt Alter und Tod (*jarāmaraṇa*), was wiederum Leiden verursacht.

Noch deutlicher wird dieser Lehrsatz, wenn man die Begriffskette rückwärts liest: Alter und Tod (12) setzen Geburt voraus (11), Geburt wiederum Werden (10), welches im vorherigen Leben durch das Anhaften (9) an der sinnlichen Welt verursacht ist und seinerseits auf den Lebensdurst (8) zurückgeht. Der Durst – man könnte auch sagen: die Sucht – entsteht aufgrund von (angenehmen) Empfindungen (7), die verursacht sind durch die Berührung (6) der Sinne mit den Dingen, aber nur weil es die sechs Gebiete des Bewusstseins (5), nämlich die fünf Sinne und das Denkorgan, gibt, die ihrerseits zu einer in Name und Form (4) gegebenen Person gehören, die durch ein Bewusstsein (3) gestaltet wird, das sich aus im vorherigen Leben geformten Gestaltungskräften (2) gebildet hat, nur weil es kein erlösendes Wissen (1) entwickelt hatte.

Die Lehre vom Nichtselbst

Wenn man Abertausende von Feinden
siegreich in der Schlacht bezwingt
und wenn man nur allein sich selbst besiegt –
in beiden Fällen ist's ein schwerer Kampf.
Besser ist's für einen Menschen,
der sich selbst bezwungen hat
und der ständig folgt dem eigenen Gelübde,
das eigene Selbst zu überwinden,
als zu triumphieren über viele andere Menschen. (Uv 23.3–4)

Der Buddhismus gilt als die Lehre vom Nichtselbst, obgleich der Buddha dies wohl nicht so deutlich gesagt hat, sondern das Selbst aus heilsbezogenen Gründen allenfalls zurückdrängte. Für Christentum und Islam, aber auch für viele Richtungen des Hinduismus ist eine Leugnung des Selbst kaum nachvollziehbar. Es würde eine persönliche Beziehung zwischen Gott und dem Einzelnen erschweren, es stünde mit den Schöpfungsvorstellungen in Widerspruch und ließe kaum eine Autonomie des Subjekts, Willensfreiheit und damit eine selbstverantwortliche Ethik zu. Dem «modernen» Menschen widerstrebt ohnehin die Vorstellung, dass sein Selbst nicht sein soll. Die Rede vom Ich und die Betonung des Individuums mit seinem Streben nach Selbstverwirklichung und Selbstbehauptung sind nahezu unverzichtbare Bestandteile des westlichen Konzepts der Personalität.

Auch dem Buddhismus bringt die Leugnung eines Selbst schwierige Fragen: Gibt es Wiedergeburt? Wenn es kein Selbst gibt, was wandert dann von Geburt zu Geburt? Gibt es Erlösung? Wer wird erlöst, wenn es kein Selbst gibt? Wegen dieser Probleme sträuben sich namhafte Buddhismusforscher, darunter besonders Lambert Schmithausen, gegen die Annahme, der Buddhismus leugne das Selbst grundsätzlich.

Ursprünglich war wohl zumindest *vijñāna* («Bewusstsein») absolut aufzufassen; es galt als das, was vom Einzelnen bleibt. Schon früh setzte sich aber die Auffassung durch, dass das *vijñāna* nicht absolut sei und es nicht an die Stelle des Selbst (*ātman*, *pudgala*) rücken könne. Das Sanskrit-Wort *ātman* (P. *attā*) kann sowohl als Hauptwort mit «das Selbst» als auch als rückbezüglich mit «selbst» übersetzt werden. Wenn etwa der Satz (P.) *attā hi attano nātho* in *Dhammapada* 160 von Max Müller übersetzt wird: «Selbst ist der Herr des Selbstes», dann legt das dem Leser ein Selbst nahe. Als Reflexivpronomen übersetzt ergibt sich aber der durch und durch buddhistische, vom Buddha noch in seiner letzten Predigt wiederholte Sinn «Man ist sich selbst sein Herr», wonach man sich selbst als Zuflucht und Leuchte (oder Insel: beide Bedeutungen sind möglich) nehmen soll und sich bei der Wahrheitssuche nur auf sich selbst verlassen kann.

Der Buddha selbst hat auf Nachfragen bei solchen Problemen meist geschwiegen. Gerade dieses Schweigen ist aber mitunter so verstanden worden, dass er ein Selbst eben *nicht* geleugnet habe. Die Lehre von der Bedingtheit alles Entstehens macht deutlich, dass alle in der Erfahrung gegebenen Bestandteile der Person vergänglich und insofern leidvoll sind. Was aber leidvoll ist, das kann nicht, sagt der Buddha, das Selbst sein. Hinzu kommt, dass man keine Macht über die Bestandteile habe und auch deshalb unfrei sei. Was aber unfrei sei, so der Buddha, kann nicht das Selbst sein.

Es ist schwierig, wenn nicht unmöglich, die vielen, teilweise widersprüchlichen Aussagen zum Selbst unter einen Hut zu bringen. Vielleicht hat der Buddha in dieser Frage auch eine Wandlung durchgemacht. Während er in jüngeren Jahren noch explizit zu den brahmanischen Ātman-Theorien seiner Zeit Stellung nahm und dabei vielleicht auch vom (*vijñāna* als) Selbst redete, ist er in späteren, reiferen Jahren solchen Haarspaltereien offenbar ausgewichen. Auch die frühen buddhistischen Schulen haben sich unterschiedlich zur Frage des Selbst beziehungsweise Nichtselbst geäußert.

Alle Schulen erkennen an, dass es im alltäglichen Leben ein Bewusstsein seiner selbst gibt. Sie sprechen von Ich (*aham*) und sich selbst (*ātman*) ebenso wie von Personen (*pudgala*), Menschen (*puruṣa*) oder lebenden Wesen (*sattva*). Aber das Selbst der Alltagserfahrung bezeichnet der Buddha als höchst trügerisch, vor allem wenn man es als Geist, Bewusstsein oder Seele auffasst. Da sei es noch besser, den Körper als Selbst zu nehmen, denn der verändere sich weniger schnell als der Geist (*Assutavāsutta*, SN II 94f). Auch das vor allem im Yogācāra an bedeutsame Personen gebundene und individuelle Speicherbewusstsein (*ālayavijñāna*) wird hierbei letztlich nicht als Selbst anerkannt.

Im *Brahmajālasutta* des *Dīghanikāya* weist der Buddha zweiundsechzig Lehren als Irrlehren zurück, in denen Asketen und Brahmanen die Ewigkeit des Selbst und der Welt behaupten. Er zeigt auf, wie sehr diese in ein Netz verfangen sind, weil sie der Vergangenheit und der Zukunft anhängen. Stattdessen sollten sie erkennen, dass vom Menschen und vom Leib des Buddha nichts übrig bleibt. Man kann also kaum zu der Annahme kommen, dass der Buddhismus ein Selbst anerkennt.

«Stellt euch, ihr Mönche, eine Lehre vom Selbst (*attavāda*) vor, durch deren Annahme Sorge, Jammer, Leiden, Not und Bekümmernis nicht entstehen würden. Kennt ihr aber eine solche Seelenlehre?»
«Nein, Herr!»
«Wohlan, ihr Mönche, auch ich kenne keine solche Lehre vom Selbst, deren Annahme die Entstehung von Sorge, Jammer, Leiden, Not und Bekümmernis ausschließt.» (*Alagaddūpamasutta*, MN I 137)

Freilich blieb es schwer, sich Wiedergeburt ohne einen Personenkern vorzustellen. Wie kann erklärt werden, dass es Wiedergeburt gibt, aber keine Seelenwanderung? Im *Milindapañha* ist das Bild einer sich selbst verzehrenden Flamme zur Erklärung gewählt: Die Flamme der ersten Nachtwache ist verschieden von der Flamme der zweiten Nachtwache und so fort. Sie ist dieselbe und doch eine jeweils andere, obgleich sie an demselben Stoff haftend die ganze Nacht gebrannt hat:

So auch schließt sich die Kette von den Gegebenheiten (*dhamma*) zusammen: Die eine entsteht, die andere vergeht. Ohne Anfang, ohne Ende schließt es sich zusammen; darum ist es weder dasselbe Wesen noch ein anderes Wesen, welches zur letzten Phase seines Erkennens gelangt. (Mil 40)

Es gibt also kein Selbst, keine Seele, nur einen Fluss von wechselnden, kurzfristig sich zusammenschließenden Bestandteilen.

Aber auch bei der Frage der Tatvergeltung und Willensfreiheit stellt der Buddha sich taub für die Apologeten eines Selbst. In Rajagriha spricht ihn einmal ein Asket an und fragt: «Ist das Leiden selbst verursacht oder ist es von anderen verursacht?» Er zielt damit auf die Identität beim Karma ab. Der Buddha weist die Alternative zurück und schlägt einen Mittelweg vor:

Indem man sagt: Er handelt, er genießt (die Folgen seiner Taten), gelangt man zur Beurteilung (des Menschen) als ewig (weil es dann ein fortdauerndes Selbst gäbe). Aber wenn man sagt: Ein anderer handelt, ein anderer genießt (...), gelangt man zur Beurteilung (des Menschen) als aufgelöst (weil dann ein Ende des Einzelnen und keine Tatvergeltung gegeben wäre). Diesen beiden Extremen nicht verfallend hat der Vollendete in der Mitte die Lehre aufgezeigt. (*Acelakassapasutta*, SN II 20)

Jeder bedingt durch seine Taten seine Wiedergeburt, jedoch ist dieses neue Wesen (es kann auch ein Tier sein) nicht völlig identisch mit dem vorherigen. Alle Wesen haben ein vorempirisches Ich, aber kein ewiges Selbst. Buddhas Argumentation gegen das Selbst oder Ich geht manchmal so weit, dass er einen inneren Akteur völlig leugnet. Stattdessen sind es die Skandhas, die, in steter Veränderung, Eindrücke von einem Agens entstehen lassen.

»Wer berührt, wer empfindet?», fragt ein Mönch den Buddha.
«Diese Frage ist nicht zulässig. Ich sage nicht: ‹Er berührt.› Wenn ich sagte: ‹Er berührt›, dann wäre die Frage zulässig: ‹Wer berührt, Herr?› Da ich aber nicht so rede, ist es mir gegenüber, der ich nicht so rede, nur statthaft, mich zu fragen: ‹Woraus, Herr, geht die Berührung hervor?› Darauf ist die Antwort: Aus den Sechs Gebieten entsteht Berührung, aus der Berührung entsteht Empfindung ...» (*Moḷiyaphaggunasutta*, SN II 13)

Auf den Einwand, seine Lehre vom Selbst sei nihilistisch, verneinend und pessimistisch, antwortet er:

Und mich, der ich so rede, so lehre, ihr Mönche, mich beschuldigen einige Asketen und Brahmanen unrichtig, in nichtiger Weise, fälschlich und unzutreffend: «Ein Verneiner ist der Asket Gautama; er lehrt die Zerstörung, Vernichtung und den Untergang des einmal vorhandenen Wesens.»
Was ich nicht bin, ihr Mönche, und nicht rede, dessen beschuldigen mich diese Asketen und Brahmanen unrichtig, in nichtiger Weise, fälschlich und

unzutreffend. (...) Nur eines, ihr Mönche, lehre ich, jetzt wie früher: das Leiden und die Aufhebung des Leidens. (*Alagaddūpamasutta*, MN I 140)

Der Achtgliedrige Pfad

Wer den edlen Achtgliedrigen Pfad verwirklicht,
diesen geraden und heilvollen Weg
zur Überwindung des Todes,
dessen Streben nach Glück erfüllt sich,
wenn er ihn beschreitet,
und Ruhm und Ansehen wird ihm von überall zuteil. (Uv 12.20)

Nach der ersten der Vier Edlen Wahrheiten ist alles Leiden, vergänglich und ohne Selbst, auch der Mensch. Die fünf Skandhas formieren sich in einer Wiedergeburt jeweils neu, nicht aber wandert eine Seele von Geburt zu Geburt. Der Grund für die Wiedergeburt ist – so die Zweite Wahrheit – der Durst, der Lebenshunger, der wegen des Gesetzes der bedingten Entstehung neues Leben entstehen lässt. Es gibt allerdings ein Ende dieses Kreislaufs und des Leidens: das Nirvana. Dies bildet den Inhalt der Dritten Wahrheit:

Dies, ihr Mönche, ist die edle Wahrheit von der Aufhebung des Leidens: die restlose Aufhebung, Vernichtung, Aufgabe, Verwerfung, das Freigeben und Ablegen eben dieser Gier (beziehungsweise des Durstes). (Vin I 10)

Die Vernichtung des Durstes ist der Inhalt der Vierten Wahrheit, welche den Achtgliedrigen Pfad bildet. Dieser setzt sich aus drei Gruppierungen zusammen: Sittlichkeit (*śīla*), Sammlung (*samādhi*) und Wissen (*prajñā*). Dadurch sind Ethik, Meditation und Erkenntnis untrennbar miteinander verbunden. Vom Verstande her ist die Wiedergeburtslehre ohne gleichzeitige Seelenwanderung nur schwer zugänglich. Doch lassen die Quellen kaum Zweifel zu, dass der Buddha selbst auf dieser Lehre beharrte. Immer wieder schärfte er sie seinen Mönchen ein, ja er leitete daraus bestimmte Verhaltensregeln ab, die auch die Grundlage jeder buddhistischen Ethik bilden. Einmal soll er ein Kügelchen Kuhmist in die Hand genommen und gesagt haben: «Wenn es auch nur so viel gäbe, was nicht dem Wechsel unterworfen wäre, dann wäre die Führung eines heiligen Wandels zum Zweck der Leidensvernichtung nicht möglich.» (*Gomayapiṇḍasutta*, SN III 144)

Selbst seine eigene Lehre war daher wandelbar, nach tausend Jahren werde sie hinfällig geworden sein, und weil er sie den Frauen eröffnete, sogar schon nach fünfhundert Jahren. Weil es aber nichts Unwandelbares außer dem *nirvana* gibt, ist ein heiliger Lebenswandel nötig.

Es gibt noch eine andere Erklärung für Buddhas Beharren auf einer so schwierigen und zumindest dem Anschein nach widersinnigen Lehre: die spirituelle Praxis:

Segensreich und fruchtbringend ist die Versenkung (*samādhi*), wenn sie von rechtem Verhalten (*śīla*) getragen ist; segensreich und fruchtbringend ist Erkenntnis (*prajñā*), wenn sie auf Versenkung beruht, und von solcher Erkenntnis durchdrungen, wird der Geist frei von allen Trieben, nämlich dem Sinnlichkeitstrieb, dem Daseinstrieb und dem Unwissenheitstrieb. (*Mahāparinibbānasutta*, DN II 81)

Deutlich wird hier, dass die Befreiung in vier Stufen erfolgt, welche die schon genannten Schlüsselbegriffe enthalten: Sittlichkeit/Ethik (*śīla*), Versenkung oder Meditation (*samādhi*), Erkenntnis oder Wissen (*prajñā*) und Befreiung oder Erlösung (*vimukti, nirvāṇa*). Und deutlich wird, dass vor Erkenntnis und Erlösung Sittlichkeit und Versenkung stehen. Mit anderen Worten: Das rechte Wissen stellt sich nur ein, wenn der Geist durch rechte Taten vorbereitet ist. Welche Verhaltensänderungen werden nun im Einzelnen verlangt? Die Antwort liegt in der Vierten Wahrheit und ihrem Achtgliedrigen Pfad (*āryāṣṭaṅgamārga*):

Und was, ihr Mönche, ist die edle Wahrheit von dem zur Aufhebung des Leidens führenden Pfad? Es ist dieser edle Achtgliedrige Pfad:

1. rechte Ansicht (*samyagdṛṣṭi*)
2. rechter Entschluss oder rechte Gesinnung (*samyaksaṃkalpa*)
3. rechte Rede (*samyagvāc*)
4. rechtes Verhalten oder Handeln (*samyakkarmānta*)
5. rechte Lebensführung (*samyagājīva*)
6. rechte Anstrengung (*samyagvyāyāma*)
7. rechte Achtsamkeit, Bewusstheit oder rechtes Gedenken (*samyaksmṛti*)
8. rechte Sammlung, Meditation oder Konzentration (*samyaksamādhi*).

(*Mahālisutta*, DN I 157)

Was der Buddha hier lehrt, sind Gebote und Verbote für den Erlösungssuchenden. Das Einschlagen des Achtgliedrigen Pfades bedeutet weitreichende Veränderungen im Handeln und Denken. An verschiedenen Stellen werden die einzelnen Glieder erläutert, etwa im «Großen Sūtra von der gerichteten Achtsamkeit» (*Mahāsatipaṭṭhānasutta*, DN II 311 ff.), im Anschluss an die oben zitierte Aufzählung. Die beiden ersten Stufen, rechte Ansicht und rechte Gesinnung, betreffen das Wissen (*prajñā*):

1. «Und was, ihr Mönche, ist die rechte Ansicht? Nun, ihr Mönche, das Wissen vom Leiden, das Wissen von der Entstehung des Leidens, das Wissen von der Aufhebung des Leidens, das Wissen von dem zur Aufhebung führenden Pfad. Das, ihr Mönche, nennt man die rechte Ansicht.» (DN II 311f)

Die Erkenntnis der Vier Edlen Wahrheiten ist demnach die rechte Ansicht. Umgekehrt sind Unwissen (*avidyā*), falsche Ansicht, Verblendung (*moha*) und Lüste (*kāma*) die Wurzel allen Leidens. Wieder steht also am Anfang ein Erkenntnisakt, der das ethische Verhalten beeinflusst, ja festlegt.

2. «Und was, ihr Mönche, ist der rechte Entschluss? Der Entschluss zur Entsagung, der Entschluss zur Enthaltung von Bosheit, der Entschluss des Nichtschädigens (*avihiṃsā*). Das, ihr Mönche, nennt man den rechten Entschluss.» (DN II 312)

Gefordert wird also eine Umkehr, die Überwindung einer falschen, weil nicht zur Erlösung führenden Gesinnung und der Einstieg in die Entsagung.

Mit Stufe drei beginnt die Sittlichkeit (*śīla*), welche bis Stufe fünf geht. Hier haben wir es bereits mit den Grundlagen der buddhistischen Ethik zu tun.

3. «Und was, ihr Mönche, ist die rechte Rede? Der Lüge sich enthalten, der Verleumdung sich enthalten, der Grobheit sich enthalten, des Schwätzens sich enthalten. Das, ihr Mönche, nennt man die rechte Rede.» (DN II 312)

Man soll also nicht falsch reden, lästern oder tratschen. Am besten ist es ohnehin, zu schweigen.

4. «Und was, ihr Mönche, ist die rechte Tat? Des Tötens von Lebewesen sich enthalten, des Nehmens von Nichtgegebenem sich enthalten, des unsittlichen Liebeslebens sich enthalten. Das, ihr Mönche, nennt man die rechte Tat.» (DN II 312)

Töten, Diebstahl, Ehebruch oder sinnliche Ausschweifungen – solche Taten können auch zum Ausschluss aus dem Orden führen.

5. «Und was, ihr Mönche, ist die rechte Lebensführung? Wenn hier, ihr Mönche, ein edler Anhänger eine falsche Lebensführung aufgegeben hat und ein Leben mit rechter Lebensführung führt, so wird das, ihr Mönche, die rechte Lebensführung genannt.» (DN II 312)

An anderer Stelle (*Vaṇijjāsutta*, AN III 208) wird die rechte Lebensführung etwas präzisiert. Da werden Tüchtigkeit, Eigentumsschutz, gute Gesellschaft und angemessenes Leben gepredigt. Armut wird nicht gutgeheißen, weil sie zu Diebstahl und Gewalt führen kann (DN III 68). Da werden Tätigkeiten verboten, die andere schädigen, nämlich der Handel mit Waffen, Lebewesen, Fleisch, Alkohol oder Gift. Der Beruf des Metzgers ist ebenso untersagt wie der des Henkers. Auch soll man nicht Fleisch essen, das eigens dafür getötet wurde. Der Buddha selbst hat vermutlich Fleisch gegessen, und im Frühbuddhismus gibt es keinen grundsätzlichen Vegetarismus, wie das *Jīvakasutta* verdeutlicht, das (in voller Länge) so lautet:

So habe ich es gehört: Als der Erhabene einst im Mangohain des Kinderarztes Jīvaka bei Rājagaha weilte, kam Jīvaka zu ihm, begrüßte ihn, setzte sich zu ihm und sagte: «Ich habe gehört, für den Sāmana Gotama töte man lebende Wesen und er nehme wissentlich das für ihn bereitete Fleisch an. Ist das wahr, was jene sagen, oder verleumdet man den Erhabenen? Und wenn das wirklich seiner Lehre entspricht, kommt man dann nicht zu einem bedenklichen Ergebnis?»
Der Erhabene erwiderte: «Es ist nicht wahr, was jene sagen; man verleumdet mich. Ich sage vielmehr, daß man unter drei Umständen Fleisch nicht essen soll: ‹gesehen, gehört, vermutet› (zu ergänzen: daß das Tier für diese Mahlzeit getötet worden ist). Und ich sage, daß man unter drei Umständen Fleisch essen darf: ‹nicht gesehen, nicht gehört, nicht vermutet›. Da hält sich zum Beispiel ein Bhikkhu in der Umgebung eines Dorfes oder einer Kleinstadt auf und durchdringt die ganze Welt mit selbstloser Güte,

dann mit Erbarmen, dann mit Mitfreude, dann mit Gleichmut. Diesen Bhikkhu lädt ein Hausherr oder dessen Sohn für den folgenden Tag zum Essen ein. Wenn der Bhikkhu will, nimmt er die Einladung an, und am nächsten Vormittag geht er in die Wohnung des Hausherrn, setzt sich dort und wird vom Hausherrn mit vorzüglichen Speisen bewirtet. Dann denkt er nicht etwa: ‹Der Hausherr hat mich gut versorgt, ach, wenn er mich doch künftig auch so gut versorgen wollte!› Er nimmt die Speise an, ohne sich dadurch binden, betören oder einfangen zu lassen, sondern er sieht das Nachteilige dabei und weiß, wie man dem entgehen kann. Meinst du, Jīvaka, daß der Bhikkhu bei solcher Gelegenheit darauf bedacht ist, sich selbst oder andere oder beide zu schädigen?»
«Nein, Herr!»
«Oder nimmt der Bhikkhu bei solcher Gelegenheit untadelhafte Nahrung zu sich?»
«Ja, Herr! Ich habe gehört, Brahma übe selbstlose Güte, Erbarmen, Mitfreude und Gleichmut. Bei dem Erhabenen habe ich das mit eigenen Augen gesehen, denn der Erhabene übt immer selbstlose Güte, Erbarmen, Mitfreude und Gleichmut.»
«Gier, Haß und Verblendung, woraus Schädigung erwächst, hat der Vollendete vernichtet und entwurzelt, so daß sie nicht wieder aufkeimen können. Wenn du mit deinen Worten das gemeint hast, Jīvaka, dann stimme ich dir zu.»
«Eben das habe ich gemeint, Herr!»
«Wer wegen des Vollendeten oder wegen eines seiner Jünger lebende Wesen tötet, der begeht fünfmal schweres Unrecht: erstens weil er befiehlt, das Tier herbeizuführen, zweitens weil das Tier, während es zitternd herbeigeführt wird, Schmerz und Qual erduldet, drittens weil er befiehlt, das Tier zu töten, viertens weil das Tier, während es getötet wird, Schmerz und Qual erduldet, fünftens weil er den Vollendeten oder seinen Jünger in unangemessener Weise behandelt.»
Darauf sprach Jīvaka zum Erhabenen: «Herr! Es ist erstaunlich! Die Bhikkhus essen nur angemessene, untadelhafte Nahrung», und erklärte mit den üblichen Worten, daß er für sein ganzes Leben Laienanhänger des Erhabenen sein wolle. (MN I 368 ff.; Übers. K. Schmidt, *Buddhas Reden*, 174 f.)

Die Stufen drei bis fünf geben also Antwort auf die Frage, wer ein rechtschaffener Buddhist ist. Aus ihnen leitet sich die Ethik des Buddhismus im Wesentlichen ab. Die übrigen drei Stufen gehören in das Gebiet der Meditation (*samādhi*).

6. «Und was, ihr Mönche, ist rechte Anstrengung? Da, ihr Mönche, spannt ein Mönch den Willen an, um nicht entstandene üble, unheilvolle Dinge

nicht (erst) entstehen zu lassen; er müht sich, strengt sich an; er übt das Gemüt, kräftigt es. Er spannt seinen Willen an, um entstandene üble, unheilvolle Dinge zum Verschwinden zu bringen; er müht sich, strengt sich an; er übt das Gemüt, kräftigt es. Er spannt seinen Willen an, um nicht entstandene heilsame Dinge zum Entstehen zu bringen; er müht sich, strengt sich an; er übt das Gemüt, kräftigt es. Er spannt seinen Willen an, um entstandene heilsame Dinge zur Festigung, nicht zur Lockerung, zur Vervielfachung, zur vollen Entwicklung, zur Entfaltung, zur Vollendung (zu bringen); er müht sich, strengt sich an: Er übt das Gemüt, kräftigt es. Das nennt man, ihr Mönche, rechte Anstrengung.» (DN II 312f)

Man merkt: die Erläuterungen werden länger, technischer. Ersichtlich geht es dem Buddha um spirituelle Ziele. Zunächst sollen unheilsame Geistesinhalte abgewehrt und heilsame erzeugt, die Sinnestore bewacht werden. Es ist die eigentliche Lehre dieser Predigt, die Dinge so wahrzunehmen, wie sie sind. Die Sinneswahrnehmung hat zwei Seiten: den Wahrnehmungsreiz und die emotionale Reaktion darauf. Zunächst soll die emotionale Reaktion ausgeschaltet werden, indem man sich bemüht, wertungsfreie, emotionslose Begriffe zu verwenden.

7. «Und was, ihr Mönche, ist rechte Achtsamkeit? Da, ihr Mönche, verharrt der Mönch beim Körper über den Körper wachend, unermüdlich, verständig, aufmerksam, nach der Überwindung von Gier und Unmut in der Welt; bei den Gefühlen über die Gefühle wachend, unermüdlich, verständig, aufmerksam, nach der Überwindung von Gier und Unmut in der Welt; beim Gemüt über das Gemüt wachend, unermüdlich, verständig, aufmerksam, nach der Überwindung von Gier und Unmut in der Welt; bei den Gegebenheiten über die Gegebenheiten wachend, unermüdlich, verständig, aufmerksam, nach der Überwindung von Gier und Unmut in der Welt. Das, ihr Mönche, nennt man die rechte Achtsamkeit.» (DN II 313)

Hierbei sollen alle Verrichtungen, selbst Atmen oder Gehen ins Bewusstsein gerufen werden, ebenso die Sinnesempfindungen und das Denken.

8. «Und was, ihr Mönche, ist rechte Sammlung? Da, ihr Mönche, verharrt der Mönch fern von Begierden, fern von unheilvollen Gedanken, mit Erwägung, mit Überlegung, in aus der Einsamkeit geborener heiterer

> Glückseligkeit und erreicht die erste Versenkungsstufe. Nach dem Ausblenden von Erwägung und Überlegung verharrt er in eigenem Frieden, geistiger Konzentration, in von Erwägung freier, von Überlegung freier, aus der Versenkung geborener heiterer Glückseligkeit und erreicht die zweite Versenkungsstufe. In Heiterkeit und Leidenschaftslosigkeit, gleichmütig, verharrt er aufmerksam und achtsam, empfindet Glück im Körper – das die Edlen so beschreiben: ‹Der gleichmütige Achtsame verharrt glücklich.› – und erreicht die dritte Versenkungsstufe. Er verharrt nach der Überwindung des Glücks wie nach der Überwindung des Leids und nach der Überwindung des früheren Frohmuts wie des Unmuts und erreicht die von Leid und Glück freie, gleichmütig-wachsame, vollkommen reine vierte Versenkungsstufe. Das nennt man, ihr Mönche, die rechte Versenkung.
> Dies, o Mönche, wird die edle Wahrheit von dem zur Aufhebung des Leidens führenden Pfad genannt.» (DN II 313)

So endet der Achtgliedrige Pfad in der Meditation und macht damit noch einmal deutlich, wie sehr der frühe Buddhismus durch die spirituelle Praxis geprägt ist.

Die sittlichen Gebote

> Die Sittlichkeit ganz anzunehmen bringt nur Glück:
> Der Körper erleidet keine Pein,
> ohne Sorgen schläft man in der Nacht,
> und ist man aufgewacht, dann freut man sich. (Uv 6.3)

Ein Teil der Vorschriften des Achtgliedrigen Pfads sind universale Normen, die sich fast gleichlautend in brahmanischen und jinistischen Schriften wiederfinden und auch im Zentrum der christlichen Ethik, etwa im Dekalog, stehen: Du sollst nicht töten, ehebrechen, stehlen, falsch Zeugnis reden, andere schädigen.

Fünf sittliche Gebote (*pañcaśīla*), die vermutlich auf den Buddha selbst zurückgehen, bilden das Gelöbnis, das einem Mönch bei seiner Ordination oder einem Laien bei seiner Bekehrung abverlangt wird: das Gebot zur Nichtverletzung von Lebewesen (*ahiṃsā*), einschließlich Tieropfer; das Verbot von Diebstahl, nicht nur materiellen, sondern auch geistigen Eigentums – hieraus leitet sich zum Beispiel das Gebot der Vermeidung von Zeitverschwendung ab; das Verbot des Ehebruchs und der Zölibat für Mönche; das Verbot der Lüge und das Verbot von Alkohol und Rauschmitteln.

Wer diese fünf Gebote nicht befolgt, dem werden sogar Höllenstrafen angedroht. Vermutlich sind im Laufe der Zeit die fünf Gebote auf acht erweitert worden, welche vor allem Mönche betreffen, wie überhaupt die buddhistische Ethik in erster Linie eine mönchische Ethik ist. Hinzu kommen das Fastengebot für den Nachmittag und Abend, das Vermeiden von Tanz, Musik, Gesang, Schmuck, Gold und Silber, Parfum, Schminke und anderen Schönheitsmitteln sowie das Verschmähen von hohen Betten. Auch gibt es eine Liste von zehn heilswidrigen Handlungsweisen (*akuśala-karmapatha*): Tötung von Lebewesen, Diebstahl, Unkeuschheit, Lüge, grobe Rede, sinnloses Gerede, Verleumdung, Habgier, Böswilligkeit und falsche Ansichten.

Wichtiger als diese spezifischen Ge- und Verbote sind aber die allgemeinen Tugenden, aus denen sich die konkreten Handlungsnormen erst ableiten lassen. Für den Buddhismus steht die heilsbezogene Notwendigkeit des Loslassens, der Selbst-Losigkeit und des Gleichmuts an oberster Stelle. Man mag das mit Egoismus verwechseln und denken, es stehe nur die eigene Erlösungssuche im Vordergrund, aber die Folgen sind ganz und gar nicht selbstsüchtig. Dem Loslassen liegt ja die Erkenntnis der Vier Edlen Wahrheiten zugrunde, vor allem die Erkenntnis von der Vergänglichkeit und Leidhaftigkeit alles bedingt Entstehenden. Dazu gehören auch alle Motive und alle mit Selbstgefühl oder Ich-Lust verbundenen Eigenschaften. Der Buddha redete daher auch immer gegen Stolz, Hochmut, Hass, Zorn, Habsucht, Gier, Lust an:

> Wenn ein Mönch so lebt, dass er häufig seinen Sinn auf den Gedanken der Selbstlosigkeit gerichtet hält und das betrachtet, was leidvoll ist, dann wird sein Sinn frei vom Interesse an seinem Ich, von Besitzwünschen und von der Neigung zum Stolz, in Bezug auf seinen Körper mit seinem Bewusstsein ebenso wie in Bezug auf alle Objekte außerhalb seiner selbst; dann wird er frei werden vom Hochmut, dann wird er still und frei sein. (*Dutiyasaññāsutta*, AN IV 53)

Das Loslassen soll andere Eigenschaften fördern: Gleichmut, Demut, Sanftmut, Liebe, Toleranz, Selbstbeherrschung, Wunschlosigkeit oder Güte ebenso wie Bescheidenheit, Freigebigkeit, Wohltätigkeit, Rechtschaffenheit, Wahrhaftigkeit und Weisheit. Sanftmut und Gleichmut (*upekṣā*) sind die Eigenschaften, die den Buddhismus vielleicht am meisten geprägt haben. Sie stehen in engem Zusammenhang mit Buddhas Lehre vom Mittleren Weg. Zusammen mit (Mit-)Freude (*muditā*), der allgütigen Liebe (*maitrī*) und der Nächstenliebe (*karuṇā*) bildet der Gleichmut (*upekṣā*) die «Vier Unermesslichkeiten» (*apramāṇa*) oder die «brahmischen Verweilungszustände» (*brahmavihāra*). Das sind Zustände in einer abgestuften Meditationsübung, die der Heilsuchende auf Erden erfahren kann:

1. Allgütige Liebe (*maitrī*): Auf der ersten Stufe soll er die Liebe verwirklichen. Hierbei handelt es sich um eine allgütige Liebe oder Freundschaft, die eng mit Wohlwollen, Nächstenliebe und Mitleid (*karuṇā*) verbunden ist. Im *Mettasutta* sagt der Buddha über diese allumfassende Liebe:

> Wie eine Mutter unter Gefährdung ihres eigenen Lebens ihr einziges Kind überwacht und schützt, so umfange man liebend mit einem grenzenlosen Geist alles Lebendige, so umfasse man liebend mit wohlwollender, unbegrenzter Güte die ganze Welt. (...) Ob man geht oder steht, sitzt oder liegt, sobald man erwacht ist, übe man achtsam diesen Gedanken und verwirkliche so, auf die höchste Weise zu leben. (...) Wer das Unwissen aufgegeben hat und die tiefe, von sinnlichem Begehren freie, auf Sittsamkeit gegründete Innenschau gewonnen hat, der ist vollkommen, für den wird es keine Wiedergeburt mehr geben. (Sn 149–152)

Welche Kraft von dieser buddhistischen Liebe ausgehen kann, wird immer wieder in den Legenden von Buddhas Leben erzählt. So soll einmal Devadatta in einer engen Gasse den wilden Elefanten Nālāgiri auf den Buddha gehetzt haben. Aber dieser brachte dem Elefanten die ganze Kraft seiner Freundschaft entgegen. Da senkte der Elefant seinen Rüssel und näherte sich ihm zahm. (Vin II 194)

Das Freundschaftsgefühl ist geprägt von Sanftmut und Teilnahmslosigkeit, nicht aber von Empathie. *Maitrī* ist in gewisser Hinsicht nicht mehr als indifferentes Wohlwollen ohne Zuneigung und ohne starke Gefühlsregungen. Es ist also eine deutlich andere Liebe als jene von Paulus, die größer ist als Glaube und Hoffnung. Nur so wird die Ichhaftigkeit des Handelns vermieden, die selbst in der Liebe Leid verursacht:

Aller Kummer und alle Klagen, alle Leiden in der Welt von mancherlei Gestalt, sie kommen durch das, was einem lieb ist; wo es nichts Liebes gibt, entstehen auch sie nicht. Darum sind diejenigen freudenreich und frei von Kummer, die nichts Liebes in der Welt haben. Darum möge, wer dahin strebt, wo es weder Kummer noch Betrübnis gibt, nichts in der Welt sich lieb sein lassen. (*Visākhāsutta*, Ud 91f)

Anders als die neutestamentarische Liebe ist die buddhistische Liebe nicht von Gott gegeben und angenommen, sondern Ergebnis eines meditativen Prozesses der Selbsterlösung.

2. Nächstenliebe/Mitleid (*karuṇā*): Nachdem der Heilsuchende die allgütige Liebe verwirklicht hat, stellt sich Nächstenliebe oder Mitleid ein, denn nun hat er die Fähigkeit, sich «frei von Groll und Übelwollen» in allen und allem wiederzuerkennen. Natürlich hängt diese alle Wesen umfassende Liebe auch mit Wiedergeburtsvorstellungen zusammen:

Es ist kein Wesen zu finden, das nicht früher einmal Mutter, Vater, Bruder, Schwester, Sohn oder Tochter gewesen wäre [...]. (*Mātāsutta*, SN II 189)

Mit der Nächstenliebe verbunden ist die im Buddhismus verbreitete Selbstaufopferung. Diese hat in den *Jātakas*, den Vorgeburtsgeschichten des Buddha, mythologische Vorläufer, wenn sich dort etwa der künftige Buddha in seinen früheren Existenzen hungernden Tieren als Nahrung hinwirft.

Eine Folge der Nächstenliebe ist unter anderem die Freigebigkeit (*dāna*), eine hochgepriesene Tugend für die buddhistischen Laien, nicht zuletzt da die Mönche zum Überleben auf diese Freigebigkeit angewiesen waren. Auch in den brahmanischen Dharmatexten wird diese Tugend gepriesen. Freilich wird zwischen der Gabe, die aus Verehrung einem Mönch gegeben wird, und der, die aus Mitleid einem Bettler gereicht wird, unterschieden. Die zweite Gabe gilt als weniger verdienstvoll.

Besonders im Mahāyāna-Buddhismus hat die Nächstenliebe im Bodhisattva-Ideal ihre Ausprägung gefunden. Danach sollen die Erlösungsfähigen auf ihre Erlösung verzichten, um allen anderen Wesen zu helfen, aus dem leidvollen Kreislauf der Geburten zu kommen.

3. Mitfreude (*muditā*): Aus der Nächstenliebe erwächst Mitfreude, anderen auf dem Weg zur Beseitigung des Leidens geholfen zu haben. Es handelt sich um eine bestimmt geistige Haltung, eine neidlose Freude darüber, dass es anderen gut geht.

4. Gleichmut (*upekṣā*): Diese Haltung, aus der unter anderem eine umfassende Toleranz abgeleitet wird, gilt allen Wesen gegenüber. Tatsächlich ist es bestechend, welch große Toleranz und Friedfertigkeit in buddhistisch beeinflussten Ländern herrscht. Trotz zahlreicher Angriffe und Demütigungen – immerhin wurde der Buddhismus aus seinem Ursprungsland Indien vertrieben und war (und ist) in Tibet erheblichem politischem Druck ausgesetzt – haben Buddhisten keine Glaubenskriege geführt. Es gibt keine kanonische Autorität, die Kirchenbildungen, Dogmen oder Zentralisierungen durchsetzen könnte. Von Ausnahmen abgesehen will ein Buddhist weder seine Religion gewaltsam verteidigen noch andere von ihrer Religion gewaltsam abbringen. Natürlich sind auch buddhistische Länder nicht frei von Gewalt und neuerdings auch nicht gefeit vor religiösem Fundamentalismus, aber verglichen mit der postulierten und verwirklichten Friedfertigkeit sind solche Erscheinungen marginal.

Trotz der mönchischen Wurzeln der Ethik hat der Buddha Tugenden für alle Menschen und den Alltag gelehrt. Sechs Tugenden, die sich aus einem besonderen persönlichen Verhältnis ergeben, hat er hervorgehoben (DN III 190). So leitet er aus dem Verhältnis von Mann und Frau in der Ehe die Tugend der gegenseitigen Achtung ab, aus dem Verhältnis von Eltern zu ihren Kindern die Tugend der Dankbarkeit, aus dem in alten Zeiten so wichtigen Lehrer-Schüler-Verhältnis die Tugend des Wissens, aus Freundschaften die Tugend der Partnerschaft und aus der

Beziehung von Herr und Knecht (oder König und Volk) die Tugend der Gerechtigkeit; und aus dem Verhältnis zwischen Mönch und Laien leitet er die Tugend der Gleichheit aller Menschen ab.

Solche Tugendnormen haben eine weitreichende Wirkung bis auf den heutigen Tag, denn auch für moderne Fragen beruft man sich auf die Worte des Buddha. Scheidung, Kommunismus, Kapitalismus, Herrschaft, Krieg, Fundamentalismus – Fragen hierzu werden ebenso mit Berufung auf den Kanon, vor allem das *Sigālovādasutta* (DN III 180ff), zu beantworten versucht wie solche zur Bioethik (Abtreibung, pränatale Diagnostik, Euthanasie etc.). Hilfreich sind dabei konkrete Aussagen des Buddha, etwa dass man ein Viertel seines Einkommens konsumieren, die Hälfte ins Geschäft stecken und ein weiteres Viertel für Notfälle zurücklegen soll.

Dennoch sind alle Pflichten, die der Buddha selbst gepredigt hat, im Grunde mit dem Erlösungsziel und einem mönchischen Leben verbunden. Sie regeln das praktische Leben für die Mönche und die Beziehungen zwischen Mönchen und Laien.

Die Meditationen

> Wer achtsam ist, erkennend, wach,
> gesammelt, freudig, abgeklärt,
> wer nach und nach die Dinge prüft,
> der überwindet Alter und Geburt mit ihrem Leid. (Uv 15.5)

Die beiden letzten Stufen des Achtgliedrigen Pfads führen in das komplexe Gebiet der buddhistischen Meditation und der Erlösung. Es ist schwer herauszufiltern, was in diesen Lehren auf den Buddha selbst zurückgeht und was der späteren Scholastik zuzuschreiben ist. Wie aus den Lebensgeschichten zu erfahren war, hatte der Buddha mit harter Askese das höchste Ziel nicht erreichen können und Erlösung nur erlangt, indem er sich in vier Versenkungsstufen (*dhyāna*) fallen ließ.

Dieser Erlösungsweg findet sich im *Majjhimanikāya* und nahezu wortgleich an anderen Stellen des Pāli-Kanons. Zunächst predigt dort der Buddha von Menschen, die sittlich hochstehen, weil sie weder sich selbst noch andere quälen. Dann fährt er fort:

Ausgestattet mit dieser edlen Sittlichkeit, dieser edlen Beherrschung der Sinne und dieser edlen Wissensklarheit zieht sich (der Erlösungssuchende) auf einen einsamen Aufenthaltsplatz zurück, in eine menschenleere Gegend, unter einen Baum, in eine Schlucht, in eine Felsenhöhle, auf einen Totenacker, auf eine bewaldete Hochebene, unter freien Himmel oder auf einen Strohhaufen.

Dort setzt er sich, wenn er vom Speisesammeln zurückgekehrt ist, nach dem Mahle mit gekreuzten Beinen nieder, den Körper gerade aufgerichtet, und beginnt mit der Achtsamkeitsübung. Er legt weltliches Begehren ab, bleibt frei davon und läutert seinen Geist von weltlichem Begehren. Er legt Übelwollen und Schadenfreude ab und bleibt frei davon; nur bedacht auf aller Wesen Wohl, läutert er seinen Geist von Übelwollen und Schadenfreude. Er legt Trägheit und Schlaffheit ab und bleibt frei davon; klaren Geistes, besonnen und wissensklar läutert er seinen Geist von Trägheit und Schlaffheit. Er legt ruheloses Grübeln ab und bleibt frei davon; innerlich voller Gemütsruhe läutert er seinen Geist von ruhelosem Grübeln. Er legt Zweifelsucht ab und bleibt frei davon; ohne noch fragen zu müssen, was gut und böse sei, läutert er seinen Geist von Zweifelsucht.

Hat er diese fünf Hemmnisse beseitigt, nachdem er sie als Trübungen des Geistes und als schwächend erkannt hat, so löst er sich ab von dem Verlangen nach Sinnengenüssen und von unheilsamen Regungen und erreicht die erste, die zweite, die dritte und die vierte Stufe der Versenkung. (*Kandarakasutta*, I 346, Übers. K. Schmidt, *Buddhas Reden*, S. 166)

Nachdem sich der Erlösungssuchende also zum Buddha, seiner Lehre und der Gemeinde bekannt hat, soll er in die Hauslosigkeit gehen und bestimmte sittliche Gebote befolgen. Dann muss er sich darin üben, in allem achtsam zu sein. Mit großer Bewusstheit handelt er fortan. Dazu gehören etwa Übungen zur Bewachung der Sinnesorgane, mit denen er weder Allgemeines noch Einzelheiten der Sinnesobjekte wahrnehmen soll, und Achtsamkeitsübungen, mit denen bewusst gegangen, gegessen, Kleider getragen, geredet, geschwiegen, ja sogar bewusst sich entleert werden soll.

Auch soll der Erlösungssuchende jegliches Begehren unterdrücken und seinen Geist läutern, indem er geistige Hindernisse wie Übelwollen, Schadenfreude, Trägheit, Grübeln und jegliche Zweifel ablegt und alle Sinnesgenüsse und Leidenschaften bezwingt.

Nach einer vermutlich jüngeren Begriffskette (*Saṃyojanasutta*, AN V.17) gehört zu diesen Übungen auch das Aufgeben von zehn

Fesseln (*saṃyojana*). Diese sind: der falsche Glaube an die Körperhaftigkeit des Ichs, Zweifel, Hängen an Ritual und Gelübden, sinnliche Lust, Übelwollen, Verlangen nach dem Dasein in der Sphäre der Feinkörperlichkeit, Verlangen nach dem Dasein in der Sphäre der Nichtkörperlichkeit, Dünkel, innere Unruhe und Aufgeregtheit sowie Nichtwissen. Die ersten fünf Fesseln führen zu einer niederen Wiedergeburt, die zweiten fünf Fesseln zu einer höheren Wiedergeburt.

Den eigentlichen meditativen Erlösungsweg erreicht der Jünger aber erst mit den vier Versenkungsstufen der Feinkörperlichkeit (*rūpadhyāna*). Solange fühlt er sich, wie es im *Mahā-Assapurasutta* heißt, wie ein Schuldner, Kranker oder Sklave. Danach ist der Jünger reif für die erlösende Erkenntnis. Dazu richtet er den Geist zunächst auf die Erinnerung an frühere Wiedergeburten, dann auf die Erkenntnis des Dahinscheidens und Wiederentstehens der Wesen und schließlich auf die Erkenntnis des Schwindens der Geistbefleckungen. Er erkennt damit die Vier Edlen Wahrheiten. Im Erlösten entsteht das Wissen von seiner Erlösung:

> Vernichtet ist die Wiedergeburt, vollendet der heilige Wandel, erfüllt die Pflicht, keine Rückkehr gibt es mehr in dieser Welt. Also erkennt er! (DN I 84)

Mit den Versenkungsstufen (*dhyāna*) erreicht der Jünger die eigentliche Meditation. Dabei geht es darum, dass sinnliche Lust und unheilvolle Regungen aufgegeben werden und sich dadurch Nachdenken (*vitarka*) und Überlegen (*vicāra*), Freude (*prīti*) und Wohlbehagen (*sukha*) einstellen. Dies ist die erste Versenkungsstufe, in der man bereits nicht mehr von Māra, der Personifikation des Todes, gesehen werden kann. Nachdem dann Nachdenken und Überlegen zur Ruhe gekommen sind, erlangt der Erlösungssuchende in der zweiten Versenkungsstufe eine innere Beruhigung und eine Konzentration des Geistes, die wiederum zu Befriedigung und Wohlbehagen führen. Danach verharrt er gleichmütig, wachsam und bewusst und empfindet mit seinem Körper Wohlbehagen; dies ist die dritte Versenkungsstufe. In der vierten Versenkungsstufe entfernt er Wohlbehagen und Missbehagen (*duḥkha*) im Körper, erlangt rundum reinen Gleichmut und Wachsamkeit und verharrt darin. Das ist die vierte Versenkungsstufe.

Ist sein Geist auf solche Weise beruhigt, gereinigt, geläutert, frei von Begierde, sanft, fügsam, fest und unerschütterlich, so wendet er seinen Geist zu der Erinnerung und Erkenntnis seiner früheren Daseinsformen, und er erinnert sich nacheinander an Hunderttausende seiner früheren Daseinsformen bis in frühere Weltperioden zurück.

Dann richtet er seinen Geist auf das Vergehen und Wiederentstehen der Wesen. Mit himmlischem, klarem, übermenschlichem Blick sieht er, wie die Wesen vergehen und wiederentstehen, er erkennt die niedrigen Wesen und die hohen, die schönen und die unschönen, die glücklichen und die elenden, wie es ihnen je nach ihren Taten ergeht: Die Wesen, die in Werken, Worten und Gedanken schlecht gelebt, die über die Edlen Böses geredet haben, die falsche Ansichten hatten und demgemäß handelten, diese sind nach dem Tode in Leid und Qual, in peinvollen Zustand, in die Hölle gekommen. Jene Wesen aber, die Gutes getan haben in Werken, Worten und Gedanken, die richtige Ansichten hatten und demgemäß handelten, sind nach dem Tode in glücklichen Zustand, in das Himmelreich gekommen.

Dann richtet er seinen Geist auf die Erkenntnis von der Vernichtung der Anwandlungen, und er erkennt der Wahrheit gemäß, worin das Übel und die Anwandlungen bestehen, was ihr Ursprung ist, wie sie beendet werden können und welches der Weg zu ihrer Beendigung ist.

Indem er so erkennt und schaut, wird sein Geist frei von den Anwandlungen der Sinnenlust, des Daseins und der Unwissenheit, und er weiß dann, daß er erlöst ist. Das Geborenwerden hat aufgehört, das Ziel des Reinheitswandels ist erreicht, er hat getan, was zu tun war, und er erkennt, daß er mit der Welt nichts mehr zu schaffen hat.

Von einem Menschen, der so lebt, sagt man, daß er weder sich selbst noch andere quält. Er ist schon in diesem Leben begierdelos, erloschen, kühl geworden und glücklich, weil er heilig geworden ist. (*Kandarakasutta*, MN I 346 ff.; Übers. K. Schmidt, *Buddhas Reden*, S. 166 f.)

Die Meditationsübungen, die sich im Laufe der Zeit herausgebildet haben, lassen sich in drei Gruppen klassifizieren: Übungen, die mehr den Körper und das Atmen betreffen, und sinnliche Konzentrationsübungen auf das gegenwärtige Tun, einen Gegenstand, bildliche Darstellungen, Symbole, den Buddha oder die Lehre; diese Übungen werden im Allgemeinen als Training in höherem Denken (*adhicitta*) bezeichnet. Beide Übungen führen zu innerer Ruhe (*samatha*). Daneben gibt es als dritte

Meditationsform Erkenntnis- und Bewusstseinsübungen, die zu einer besonderen Klarsicht führen; sie werden als Training in höherer Weisheit (*adhiprajñā*) bezeichnet, welche zu einem unterscheidenden Hellblick (*vipaśyanā*) in die Vier Edlen Wahrheiten führt. In allen Übungen geht es um Ruhe: Körperruhe, Gemütsruhe und Geistesruhe, darüber hinaus aber auch um die Entwicklung eines höheren Bewusstseins oder gar «magischer», übernatürlicher Kräfte (*siddhi*). Am Ende steht dann die Loslösung (*vimukti*) von allem beziehungsweise die Erlösung.

Beispiele für das Training im höheren Denken sind folgende Konzentrationsübungen:

- Zehn Übungen, bei denen man sich ganz auf einen sichtbaren Gegenstand bzw. dessen Bewusstseinsbild (P. *kasiṇa*) konzentriert, bis man einen Reflex bei geschlossenem oder offenem Auge wahrnimmt. Bei weiterer Konzentration entsteht die angrenzende Meditation. Geeignet sind vier Elementkasiṇa (Erde, Wasser, Feuer und Wind), vier Farbkasiṇa (blauschwarz, gelb, rot, weiß), ein Lichtkasiṇa und ein begrenzter Raumkasiṇa.
- Zehn sogenannte Ekelübungen (*aśubha*, wörtlich: «nicht schön»): Meditationen über die Verfallszustände eines Leichnams, die zur Befreiung von sexueller Lust führen und geeignet sind für zur Erregung neigende Menschen. Der Leichnam kann sein 1. aufgedunsen (Fäulnis), 2. schwarzblau (mit Totenflecken), 3. eitrig, 4. aufgebläht, 5. von verschiedenen Tieren angefressen, 6. zerstückelt, 7. zerhackt und verstreut, 8. blutig, 9. madig, 10. skelettiert.
- Zehn Vergegenwärtigungen (*anusmṛti*, «Gedenken»): Kontemplationen über 1. den Buddha, 2. die Lehre (*dharma*), 3. die Gemeinde (*saṅgha*), 4. Sittlichkeit, 5. die Freigebigkeit (*dāna*), 6. Gottheiten (*deva*), 7. Tod, 8. den Körper, 9. das Ein- und Ausatmen und 10. den Frieden.
- Vier «Brahmische Verweilungen» (*brahmavihāra*), auch «Unermessliche» (*apramāṇa*) genannt: meditative Verwirklichungen von 1. Güte, 2. Mitleid, 3. Mitfreude und 4. Sanftmut sowie deren Ausstrahlungen in alle Richtungen.
- Vier «Nichtkörperlichkeiten» (*arūpa*), die der Meditierende zu durchlaufen hat: 1. das Gebiet der Raumunendlichkeit, 2. das Gebiet der Unendlichkeit des Erkennens, 3. das Gebiet des Nichts und 4. das Gebiet jenseits von Bewusstsein und Unbewusstsein.
- Eine Wahrnehmung des Ekels vor Nahrung.
- Eine Analyse der vier Elemente (*dhātu*).

Beispiele für das Training in höherer Weisheit sind die folgenden eher auf Bewusstheit zielenden Übungen:

- Achtsamkeitsübungen (*smṛtisaṃprajanya*): Das bewusste und konzentrierte Handeln, selbst bei alltäglichen und natürlichen Verrichtungen, zum Beispiel beim Atmen.
- Das «Bewachen der Sinnesorgane» (*indriyasaṃvara*): Hierbei wird eingeübt, bei Sinnesreizen und Objekten unbeteiligt zu bleiben.
- Vier Erweckungen der Achtsamkeit (*smṛtyupasthāna*): Ähnlich wie bei den zuvor genannten Übungen wird hier die Bewusstheit von Körper, Gefühlen und Verstand eingeübt.
- Übungen zur «Beruhigung» und zum unterscheidenden Hellblick (*vipaśyanā*): Meditationen zur intuitiven Erfassung von Falschheit und Wahrheit.

Diese Übungen in höherem Denken und höherer Weisheit werden insgesamt als Meditation bezeichnet. In den buddhistischen Texten überwiegt der Ausdruck *samādhi* («Sammlung»), aber auch *bhāvanā* («Erzeugen» von Gemütsruhe oder Hellblick), *dhyāna* («Versenkung»; P. *jhāna*, chinesisch *ch'an*, japanisch *zenna* oder *zen*) oder *samāpatti* («Betrachtung») sind häufig anzutreffende Bezeichnungen.

Dabei unterscheidet man drei Stärkegrade der Meditation: eine vorläufige beziehungsweise vorbereitende Meditation, bei der etwa einem Gegenstand volle Aufmerksamkeit geschenkt wird; eine angrenzende, bei dem ein feinstofflich gedachtes Gegenbild des Gegenstandes auftaucht; und eine volle Meditation, die den geistigen Zustand während der Versenkung betrifft.

Mit der vollen Konzentration ist bei bestimmten Übungen der Eintritt in die Vier Versenkungsstufen möglich, bei anderen wird nur eine vorläufige oder angrenzende Konzentration erreicht. Dadurch werden bestimmte übernatürliche Fähigkeiten und Kenntnisse erreicht, nicht aber die unterscheidende Einsicht. Zu den übernatürlichen Kräften (*siddhi*) gehören das Herbeiführen von Wundern oder Göttererscheinungen, die Fähigkeit, sich nach Belieben zu vervielfältigen oder durch Mauern zu gehen. Zu den übernatürlichen Kenntnissen (*abhijñā*) gehören das Gedankenlesen, die Erinnerung an frühere Geburten oder das himmlische Auge, mit dem ein Buddha zum Beispiel die Buddhaschaft in jedem Wesen sehen kann.

Obwohl der Buddha an bestehende spirituell-meditative Praktiken und Lehren anknüpft, etwa an das Vertrauen in Lehrer, die Verbindung mit der Sittlichkeit, die Voraussetzungen für das Mönchsleben, die Beseitigung innerer Hindernisse, die Konzentration durch Ausschaltung diskursiven Denkens und schließlich die Erlösung von der Wiedergeburt, hat er Neues gelehrt. So fordert er, dass die asketischen Übungen nicht schmerzhaft sein dürfen und in guter körperlicher Verfassung erfolgen sollen. Selbstgeißelung und -kasteiung hat er als schlechtes Mittel zurückgewiesen und stattdessen den Mittleren Weg verkündet. Auch führen bei ihm die Versenkungen nicht zum unmittelbaren Erleben der Erlösung, sondern zu einer gedanklichen Erkenntnis, die im höchsten Bewusstsein Erlösung ist. Meditation ist für ihn nicht so sehr mystische Praxis als zunächst eine intellektuelle Angelegenheit, die allerdings durch zahlreiche Übungen vorbereitet und durch ein höheres, nicht-intellektuelles Wissen überwunden sein will.

Das Nirvana

Die Rehe ziehen im Wald umher,
die Vögel fliegen in der Luft,
die Denker leben im Begrifflichen,
die Vollendeten gehen ins Nirvana ein. (Uv 26.10)

Ziel alles Wirkens und noch mehr des Meditierens ist für den Buddha die Erlösung und das Nirvana, wörtlich «das Auslöschen, Ausblasen». Auf die Frage, was damit gemeint sei, hat der Buddha unterschiedlich geantwortet, meist aber geschwiegen, weil – wie er sagt – «kein Auge, keine Zunge, kein Gedanke den Heiligen im vollkommenen Nirvana erreichen kann». (SN IV 52–53) Das Nirvana ist demnach unbeschreibbar. Dennoch benannten viele Gelehrte es als Friede, Sicherheit, Segen, Stille, Sphäre, Todlosigkeit, Wahrheit, Reinheit, das Höchste, das Ewige, das Ungeschaffene, Unendliche, Unbedingte, Gute, Beständige oder eine Mischung von allem. Belege für den Ursprung dieser Behauptungen in der Lehre des Buddha lassen sich mehr oder weniger gut beibringen. Hier eine kleine Auswahl aus seinen Lehrreden:

Der Bodhi-Baum als Symbol der Erleuchtung. Bhārhut, I. Jahrhundert

Das Aufhören von Gier, das Aufhören von Hass, das Aufhören von Verblendung. (*Nibbānapañhāsutta*, SN IV 251)

Aufgeben von allen Daseinsgrundlagen, Auslöschen des Durstes, Loslösung, Aufhören, Nirvana. (*Āpaṇasutta*, SN V 226)

Das Aufhören der Fortdauer beziehungsweise des Werdens. (*Kosambīsutta*, SN II 117)

Die Vereinigung mit Gott Brahmā. (*Tevijjasutta*, DN I 251ff)

(...) eine Sphäre, die weder Erde noch Wasser noch Feuer noch Luft ist, sie ist weder die Sphäre der Unendlichkeit des Raumes noch die Sphäre der Unendlichkeit des Bewusstseins noch die Sphäre des Nichts, weder die Sphäre des Bewusstseins noch die Sphäre des Nicht-Bewusstseins, sie ist weder diese Welt noch eine andere, weder Sonne noch Mond. Ich bestreite, dass sie Kommen oder Gehen, Andauern, Sterben oder Geburt ist. Sie ist nur das Ende des Leidens. (*Paṭhamanibbānapaṭisaṃyuttasutta*, Ud 80)

Vom Nirvana sagt der Buddha eher, was es nicht ist, als was es ist, aber er sagt nicht, dass es das Nichts ist. Keine buddhistische Schule behauptet dies. Das Nirvana ist nicht bedingt, aber auch nicht absolut. Streng genommen *ist* es nicht.

«Ist das Nirvana Glück?», fragte einmal der Mönch Udāyi den schon genannten Shāriputra, der daraufhin antwortete: «Lieber Freund, das Nirvana ist Glück.» Ungläubig fragte Udāyi zurück: «Aber, Freund Shāriputra, was kann das für ein Glück sein, wenn es nicht mehr gefühlt werden kann?» Darauf Shāriputra: «Gerade das ist ja das Glück, dass es kein Empfundenes mehr gibt.» (*Nibbānasukhasutta*, AN IV 414f)

Der Buddha sieht also das Nirvana nicht als das Ergebnis von etwas, weil es dann mit einer Ursache verbunden und bedingt wäre, was Leid und Vergänglichkeit bedeuten würde. Vielmehr ist es für ihn Wahrheit, die sich einstellt, auch wenn man nicht wissen kann, warum sie sich einstellt. Diese Wahrheit ist nicht zu verwechseln mit einem Zustand des Paradieses, der Ewigkeit oder der Glückseligkeit, zu dem man gelangen kann. Das Nirvana ist nicht transzendent, nicht jenseitig, denn es ist auch zu Lebzeiten möglich. Aber es gibt kein Subjekt, das dieses Nirvana wahrnehmen kann, auch nicht zu Lebzeiten. Die übliche Ausdrucksweise, der Buddha sei in das Nirvana oder Parinirvana, ein vollständiges (nachtodliches) Erlöschen, eingegangen, ist daher irreführend, weil ein Buddha nirgendwohin geht, sondern aufhört zu sein, eben erlischt:

Ich kenne einen Ort,
an dem es nichts Gewordenes gibt,
keinen Äther, kein Bewusstsein,
keine Sonne, keinen Mond,
kein Kommen und Gehen,
kein Entstehen, kein Vergehen,
ohne Grundlage, ohne Stütze –
das wird bezeichnet als das Ende aller Leiden. (Uv 26.24–25)

6. Der verehrte Buddha

Schon bald nach dem Ableben des Buddha wurden seine Lehren auf verschiedene Weise ausgelegt und gedeutet. Dabei nimmt man im Allgemeinen an, dass sich der Buddhismus in zwei grundlegende Richtungen (*yāna*, wörtlich «Fahrzeug») gespalten habe: eine, die sich auf den Mönch konzentriert, und eine andere, die sich für alle Menschen öffnet. Diese Einschätzung ist richtig und falsch. Richtig, weil sich tatsächlich eine neue Form des Buddhismus herausgebildet hat. Falsch, weil es schon zu Lebzeiten des Buddha verschiedene Richtungen und Positionen gab, die viel mit Fragen des mönchischen Lebens, aber auch mit den Lehrinhalten zusammenhingen. So fragte man sich etwa, wann ein Mensch zu einem Buddha werde, sein Nirvana erlange und wie er zu verehren sei.

Im *Vinaya* (II 196) zum Beispiel ist eine abweichende Position Devadattas zum Vegetarismus festgehalten. Dieser befürwortete strenge Lebensformen für Mönche: Man solle nur in selbst gesammelten oder selbst gemachten Lumpen herumlaufen und sich ausschließlich vegetarisch ernähren. Bekanntlich lehnte Buddha diese Position ab; er verbot nur, eigens für einen selbst getötete Lebewesen zu essen. Devadatta willigte aber nicht – wie sonst in solchen Dialogen üblich – in Buddhas Standpunkt ein, sondern bildete eine eigene, extrem asketische Gruppierung.

Auch zeigt sich bei einer Reihe von Buddhas Schülern ein eigenständiges Denken, besonders bei Shāriputra oder Kātyāyana, die beide in erkenntnistheoretischer Hinsicht über Buddhas Lehren (im Beisein des Buddhas) hinausgingen.

Schulen und Richtungen

Der Überlieferung zufolge haben sich bald nach Buddhas Tod zwei Flügel mit zwei herausragenden Persönlichkeiten des frühen Buddhismus gebildet: Ānanda, der Lieblingsschüler und enge Vertraute des Buddha, und Mahākāshyapa, dem die Leitung des ersten Ordens zufiel. Der Buddha hatte jedoch nicht, wie von Ānanda erbeten, einen Nachfolger bestimmt. Demgegenüber beanspruchte Mahākāshyapa die Führungsrolle bei den weltflüchtigen Mönchen. Der Streit entbrannte daraufhin über die Frage, wieviel Weltflucht und Zusammenhalt der Mönche nötig und möglich sei.

Öffnung oder Rückzug, Gemeinschaft oder Individualismus – diese gegenläufigen Tendenzen zeigen sich seit den Tagen des frühen Buddhismus. Zwar hat sich die Position Mahākāshyapas weitgehend durchgesetzt, dennoch konnten sich die Mönche nicht völlig aus der Gesellschaft zurückziehen: Es gab ein Predigt- und Bettelgebot, das den Kontakt zur Bevölkerung nicht nur aufrechterhielt, sondern den Mönchen auch ihre Abhängigkeit von der Spendenbereitschaft der Laien immer wieder vor Augen führte.

Dieser Streit lebte in der Geschichte des Buddhismus stets von Neuem auf, etwa auf dem 2. Konzil in Vaishālī (um 383 v. Chr.). Dort soll der Mönch Mahādeva den Typ des weltflüchtigen Mönchs scharf angegriffen haben, indem er behauptete, dass ein Heiliger (*arhat*) gar nicht trieb- und gefühllos sei, wie von den Mönchen unterstellt werde. Ein Arhat könne zum Beispiel sexuelle Träume und nächtlichen Samenerguss haben und er könne an der Richtigkeit seines Weges zweifeln. Genau genommen soll Mahādeva fünf strittige Punkte verkündet haben: (1) Ein Arhat kann im Traum von den Töchtern des Māra verführt werden; (2) er ist nicht frei von Unwissenheit (auch der Buddha habe nach Namen fragen müssen und nicht ohne Hilfe den Weg gewusst); (3) er hat (noch) Zweifel; (4) er braucht fremde Hilfe, etwa die Belehrung, um auf dem Erlösungsweg voranschreiten zu können; und (5) er kann mit bestimmten Worten die Übung zur Sammlung fördern, also eine Art Guru sein.

Diese Abwertung des Arhat korrespondiert mit der Überhöhung des Buddha. Die Behauptungen sollen eine heftige Kontroverse ausgelöst haben, war doch die Übermenschlichkeit des Arhat in Frage gestellt. Mahādeva hatte aber Argumente, denen sich auch viele Mönche nicht entziehen konnten. So vermochten sie nicht zu leugnen, dass der Geist (in der Meditation) zwar willig, das Fleisch (im Traum) aber schwach ist. So konnten sie Mahādevas Behauptung des andauernden Zweifelns nicht entkräften, weil eine absolute Sicherheit der buddhistischen Grundthese der Bedingtheit alles Seins widersprochen hätte. Und hinsichtlich der Belehrung galten die letzten Worte des Buddha; außerdem durfte auch hier nicht ein Absolutheitsanspruch erhoben werden.

Diejenigen, die Mahādevas Position für richtig befanden, nannten sich Mahāsāṅghika («große Gemeinde»), da sie sich in der Mehrheit sahen; von ihnen ist nur das *Mahāvastu* überliefert. Ob sich mit ihnen eine laienorientierte Gegenbewegung zum elitären Mönchstum bildete, ist umstritten. Die anderen nannten sich Anhänger des Śrāvakayāna («Fahrzeug der Hörer (der Lehre)») oder Sthaviravāda (P. Theravāda, «Lehre der Älteren») und wurden teilweise abschätzig von den anderen als «Kleines (bzw. ungenügendes) Fahrzeug» (Hīnayāna) bezeichnet. Anfangs formierten sich wohl zwei Richtungen, aber bereits am Ende des 3. Jahrhundert v. Chr. soll es achtzehn Schulen (*vāda*) gegeben haben. Vermutlich waren es sehr viel mehr. Doch sind im Buddhismus Schulen nicht als Schulrichtungen der abendländischen Philosophie oder gar als Sekten zu verstehen, sondern eher als Schulen mit eigener Lehr- oder Ordenstradition. Da nur vom Sthaviravāda oder Theravāda im engeren Sinne ein vollständiger Kanon überliefert ist, ist ihre genaue Abgrenzung und Charakterisierung oft schwierig, wenn nicht unmöglich. Eine grobe Übersicht über die bekanntesten Schulen und Traditionen bietet die folgende Tabelle:

5.–4. Jh. v. Chr.	**Früher Buddhismus** Śrāvakayāna («Fahrzeug der Hörer (der Lehre», d. h. der Schüler des Buddha)), Hīnayāna («Kleines Fahrzeug»)	
	Sthaviravāda /Theravāda («Lehre der Älteren») Strenge Auslegung der Ordensregeln; *arhat* ist vollkommen	Mahāsāṅghika (»Große Gemeinde») Weniger strenge Auslegung der Ordensregeln; *arhat* behält die Geistesbefleckungen (*kleśa*)
Anf. 3. Jh. v. Chr.	Vātsiputriya («Anhänger des Vātsiputra»), Puggalavāda («Lehre von der Person») Lehre von der jeweilig neuen Inkarnation einer Person (*pudgala*): Widerspruch zur Nicht-Ich-Lehre	Lokottaravāda («Lehre von überweltlichen (*lokottara*) [Buddhas]») Irdischer Leib der Buddhas ist ein Verwandlungskörper, ihre wahre Natur ist die Lehre (*dharma*); Scheinleiblichkeit des Buddha
Ende 3. Jh. v. Chr.	Sarvāstivāda («Alles-besteht-Lehre») *Dharmas* (Daseinsfaktoren) sind nicht ephemer, sondern langlebig; verneint völlig die Existenz einer Seele; Drei-Leiber-Lehre	
2. Jh. v. Chr.	Mūlasarvāstivāda («Radikaler Sarvāstivāda»)	
	Sautrāntika Verwirft den Abhidharma; lässt nur die Sūtras (*sūtrānta*) zu. Nimmt subtiles Bewusstsein als Grundlage	
	Mahāyāna («Großes Fahrzeug»), Bodhisattvayāna («Fahrzeug der Bodhisattvas»)	
1. Jh. n. Chr.	Prajñāpāramitā («Weisheitsvervollkommnung») Leerheit ist das Absolute und zugleich Erlösung	
300/400	Yogacāra / Vijñānavāda («Wandel im Yoga»/ «Bewusstseinslehre») Einführung weiblicher Bodhisattvas, alles Seiende ist nur Geist bzw. Bewusstsein	Amidismus in China Wiedergeburt in einem Buddhaparadies, devotionale Verehrung des Transzendenten Buddha Amitābha
7. Jh.	**Tantrayāna**	
	Kālacakrayāna («Kālacakra-Fahrzeug»)	Ch'an / Zen Erkenntnis durch Meditation und Koan, Auslösung durch Paradoxe
9. Jh.	**Vajrayāna** («Diamant-Fahrzeug») maßgeblich für den tibetischen Buddhismus	Amidismus in Japan durch Ennin (793–864) nach Japan gebracht, Ausbau in der Shonin-Schule (1173–1262), Erlösung durch andere möglich
	Newar-Buddhismus: Starke Synkretismen mit Hinduismus, erbliches Mönchstum, Verlust des Zölibats	

Die Gründe für die Spaltungen der Gemeinde sind vielfältig und noch ungenügend erforscht, zumal viele Schulen in den Quellen nur erwähnt, nicht aber ausführlicher beschrieben werden. Doktrinäre Gründe, also Unterschiede bei Lehrinhalten, werden für die Ordensspaltungen ebenso erwähnt wie ordensrechtliche Dispute. Es kommt hinzu, dass ein Mönch in einer Schule (*nikāya*) ordiniert sein konnte, aber die Lehren einer anderen Lehrtradition (*yāna*) vertrat.

Wofür stehen diese Schulen? Beginnen wir mit dem Sthaviravāda oder Theravāda, der irreführend gerne als älterer Buddhismus dem Mahāyāna gegenübergestellt wird, obgleich es sich nur um eine von mehreren Schulrichtungen und nicht einmal die wichtigste handelt. Die Theravādins (die Anhänger des Theravāda) verstehen sich als legitime Nachfolger der Urgemeinde. Doch haben sich besonders die Scholastiker (Abhidharma) von den ursprünglichen Lehren entfernt und die Lehre von den Daseinsfaktoren (*skandha* bzw. *dharma*) verfeinert und vorangetrieben.

So behaupteten die Pudgalavādins, die Anhänger der von Vātsiputra Anfang des 3. Jahrhunderts v. Chr. gegründeten Lehre vom *pudgala*, dass es im Kreislauf von Vergehen und Wiederkehr doch einen festen Kern gebe: die Person (*pudgala*), die das Karma im Diesseits, aber auch im Jenseits, sogar noch im Nirvana erblicke beziehungsweise erfahre. Das Einzelne des Menschen sei unbeständig, leidvoll und nicht ichhaft, aber das Ganze, das sich einer Zerlegung entziehe, bleibe als handelndes, erlebendes, erleidendes Subjekt selbst im Nirvana bestehen. Durch diese Lehre unterschieden sich die Pudgalavādins deutlich von der Lehre vom Nichtselbst und wurden dafür heftig kritisiert.

Auch die Sarvāstivādins, die Anhänger der Lehre vom «Alles ist», die nach ihrem Kanonkommentar (*vibhāṣā*) auch Vaibhāṣikas genannt werden, sahen die Daseinsfaktoren (die *dharmas*) letztlich doch als langlebige Realitäten in einem wechselnden Zustand von Statik und Dynamik an. Für die Sthaviravādins waren Aussagen über das Nirvana entweder gar nicht – man denke an das Schweigen des Buddha – oder nur widersprüchlich möglich. Es ist einfach nur das «Erlöschen». Die Sarvāstivādins hingegen sprachen den Dharmas Existenz («Alles ist» = *sarvam asti*) und folglich auch dem Nirvana eine unbedingte, fast ewige Existenz im Unterschied zur bedingten Existenz zu. Damit war das Nirvana als ein jenseits des Menschen gelegener Bereich ausgewiesen, eine Art Himmel, zu dem man gelangt.

Die Folgen dieser «Philosophie» der Sarvāstivādins waren weitreichend. Denn die Vorstellung von einer jenseitigen Welt führte zu einer Art buddhistischer Kosmographie, zur Annahme einer überirdischen Sphäre von Himmeln und Zwischenbereichen und überhaupt zur Konzeption einer Transzendenz. Dadurch, dass der Buddha offensichtlich der diesseitigen und der jenseitigen Welt angehören musste, kam die Vorstellung von einer Mehrstufigkeit der Weiterentwicklung auf: Ein Arhat oder ein Buddha blieb Mensch, aber sein Geist oder Wissen gehörte bereits der jenseitigen Welt an. Hieraus entwickelte sich die Drei-Leiber-Lehre (siehe S. 12–13), und der überweltliche Buddha wurde zu einem Objekt der meditativen und rituellen Verehrung, etwa durch das Rezitieren von Formeln (*dhāraṇī*) oder die Verwendung von Blumen und Weihrauch. Auch bauten die Mönche die These der Verdienstübertragung aus und bezogen sie in das Konzept vom Mitleid (*karuṇā*) ein, indem sie die Vorstellung von Erleuchtungswesen, den Bodhisattvas, entwickelten, deren Verehrung auf dem Weg der Erleuchtung hilft.

Diese Neuentwicklungen – Transzendenz, Mehrkörperlichkeit, Vergöttlichung mit Ritualisierungen und das Bodhisattva-Ideal – wurden in einem langen Prozess zu charakteristischen Merkmalen des sogenannten Mahāyāna-Buddhismus. Dabei geht man in der Forschung heute davon aus, dass sich der Mahāyāna-Buddhismus parallel zum alten Buddhismus entwickelte und viele alte Schulen umfasste, aber einen neuen Schwerpunkt setzte, der sich vermutlich aus einer Bewegung von Waldasketen bildete, die sich auf erweiterte Versenkungstechniken und Visualisierungen konzentrierten, neue Texte verehrten, diese verschriftlichten und teilweise für Laien eröffneten.

Eine Art Restauration bildete die Sautrāntika-Tradition, die ihren Namen vielleicht daher bezieht, dass sie nur die Sūtras gelten lassen wollte. Sie richtete sich in erster Linie gegen die neuen

Ansichten von der «ewigen» Geltung der Daseinsfaktoren. Demgegenüber lehnten die Sautrāntikas eine dauerhafte Existenz der Person ab, nahmen aber an, dass ein Bewusstseinskontinuum von Existenz zu Existenz wandert. Mit dieser Lehre, die wegen der Quellenlage noch kaum erforscht ist, stehen sie teilweise der mahāyānistischen Yogācāra-Schule und der Lehre vom «Speicherbewusstsein» (*ālayavijñāna*) nahe. Der Unterschied zu den Vātsīputrīyas liegt darin, dass die Sautrāntikas nur das feinstoffliche Bewusstsein einer Person als Kontinuum im Kreislauf der Geburten anerkennen, nicht aber die ganze Person (*pudgala*). Mit anderen Worten: Von den fünf Skandhas überdauert nach ihrer Lehre nur das Bewusstsein. Ferner lehren sie die Augenblicklichkeit: Alles ist ihnen nur eine kurze Abfolge von Momenten, jede Dauer hingegen ist Schein.

Gestritten und disputiert wurde auch um folgende Fragen: Wie ist das Verhältnis von Organ und Denken? Ist das Herz das Denkorgan oder erfüllt das Denken den ganzen Körper? (Diese Frage betraf die Existenz nach dem Tod in einer formlosen und nicht-materiellen Welt.) Sind die Sinneserkenntnisse von Gier begleitet? Diskutiert wurde auch über Raum- und Zeitkonzepte, Techniken der Meditation, das Wesen der Erlösung, den Sinn religiöser Gaben, den Schaden von Leidenschaften und vieles andere mehr.

Eine große Frage blieb zudem, ob der Buddha ein Mensch war. War er ein Mensch mit besonderem Charisma, aber eben doch ein Mensch? Oder war er ein Übermensch? Hier trat eine Schule auf den Plan, deren Name ihre Lehre ausdrückt: die Lokottaravādins, die von Buddha als übermenschlichem Wesen (*lokottara*) sprachen. Für sie bestand der Buddha aus absolut reinem Geist und Körper. Sie sahen ihn über der Welt residieren, sprachen ihm unendliche Macht zu und behaupteten, er bestehe in ewiger Versenkung (*samādhi*) und habe nur durch Verwandlung einen Körper angenommen, um auf die Welt zu kommen und den Menschen die Lehre zu verkünden. Der Buddha war damit endgültig zum Heiland geworden, abgehoben von den anderen, entrückt in ein jenseitiges Reich. Zugleich bot er sich damit als Objekt der Verehrung an.

Trotz aller Differenzen waren die Gemeinsamkeiten zwischen den einzelnen Richtungen und Schulen größer als die Unterschiede. Selbst das 2. Konzil, auf dem die Unterschiede vielleicht am heftigsten ausgetragen wurden, hatte nicht zu einer Spaltung des Ordens geführt. Die Toleranz und vor allem die Autonomie der einzelnen Ordensgemeinschaften ließ eine unwiderrufliche Abspaltung gar nicht zu. Im Gegenteil konnten bis in das 3. Jahrhundert n. Chr. Mönche unterschiedlicher Richtungen offenbar in ein und demselben Kloster zusammenleben, im nordindischen Nālandā sogar bis in das 13. Jahrhundert.

Alle buddhistischen Schulen vertreten bis heute die Auffassung, dass alles Dasein leidhaft und vergänglich ist, dass Wiedergeburt ohne Seelenwanderung möglich ist, weil die Person ohne Selbst (*anātman*) ist und nur bedingt den Tod überdauert, und dass die Erscheinungswelt in einem permanenten Daseinsfluss ist, bei dem es nur Prozesse, nicht aber Substanz oder Sein gibt. Gemeinsam hält man das Nirvana für das höchste Ziel, das nur erreicht wird, wenn Sinnesanhaftungen und Gier besiegt werden; gemeinsam glaubt man an den Buddha als Lehrer, Übermensch oder Heiland.

Das Buddha-Bild

Wie der Buddha ausgesehen hat, wissen wir nicht. Einerseits gibt es Hinweise im Pāli-Kanon (*Doṇasutta*, AN II 37f), wonach er eine überragende Körpergröße, überlange Arme, einen strahlenden Glanz, eine helle Hautfarbe und besondere Male an Händen und Füßen hatte, mit denen er Radzeichen – als Symbol seiner Lehre – auf dem Boden hinterließ. Aber diese Schilderungen sind überzeichnet und idealisiert, und die ausgeschmückten Buddha-Biographien sind ohnehin meistens überhöht. Andererseits wird er im Pāli-Kanon an manchen Stellen als normal aussehender Mensch dargestellt, der seine Notdurft verrichtet, badet und sein Zimmer säubert.

Die frühesten Bildwerke des Buddhismus sind denn auch keine Abbildungen des Buddha, sondern Symbolisierungen seiner Lehre: Reliquienbauten, besonders Stupas, Kuppelbauten, in denen der Überlieferung nach Asche oder andere Überreste des

Der große Stupa von Sanchi, Indien, aus dem 2. Jahrhundert v. Chr., einer der ältesten buddhistischen Bauten.

Buddha eingemauert sind. Bei den frühen Stupas, etwa in Sanchi, kommt der Buddha als Person in den Reliefs nicht vor. Vielmehr werden Lebensabschnitte wie Geburt oder Erleuchtung symbolisch durch den Bodhibaum, ein volles Gefäß oder das Rad der Lehre (*dharmacakra*) dargestellt. Auch die Fußabdrücke gehören zu den frühen bildlichen Repräsentationen des Buddha. Der Buddha hat sich selbst als Person und seinem Körper ohnehin keine große Bedeutung beigemessen, so dass es zunächst unangebracht war, ihn in menschlicher Form abzubilden, wie man allgemein zu dieser Zeit überirdische Wesen noch nicht anthropomorph darstellte. Dies änderte sich mit mahāyānistischen Verehrungsformen, bei denen der Buddha vergöttlicht wurde. Verständlicherweise ging es dabei nicht darum, den historischen Buddha abzubilden, sondern das Idealbild eines Buddha zu entwerfen.

Erst im 1. Jahrhundert n. Chr. kam es auch zu Abbildungen der Person des Buddha. Sie entstanden etwa gleichzeitig in Gandhāra, dem von den Griechen beeinflussten Gebiet im heutigen Afghanistan und Nordpakistan, sowie in Mathurā, etwa 100 Kilometer

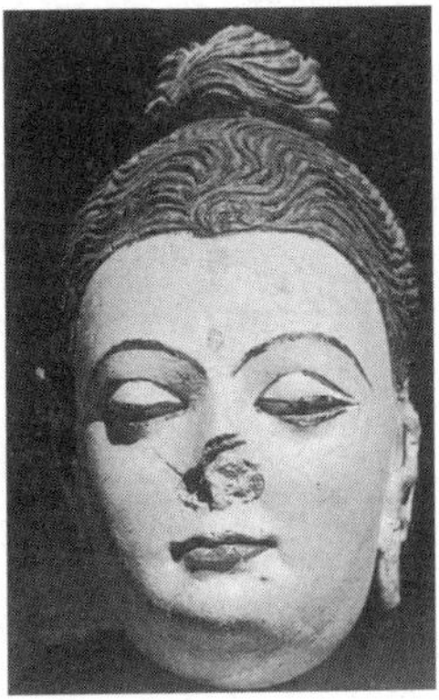

Der Buddha-Kopf vom Grabhügel Fayas-Tepe in Usbekistan stammt aus dem 1. Jahrhundert. Der griechische Einfluss ist unverkennbar.

südlich von Delhi. Es handelt sich um stehende Steinfiguren, bei denen der Buddha ein Gewand mit sauberem, elegantem Faltenwurf trägt, die Haare zu einem Dutt hochgebunden sind und der Kopf von einem Heiligenschein umgeben ist. Die späteren Darstellungen des Buddha folgen meist dieser Ikonographie. Man findet sie in allen Ländern und Regionen, in denen sich der Buddhismus ausgebreitet hat.

Charakteristisch sind dabei Scheitelspitze und Haarknoten (*uṣṇīṣa*), der als Zeichen eines Buddha oder Erleuchteten gilt; das gekräuselte Haar, obgleich der Buddha selbst wohl – wie für Mönche üblich – das Haar ganz geschoren hatte; das Stirnmal; die langen Ohrläppchen, teilweise mit Löchern, aber ohne Schmuck; die Robe (*cīvara*), die oft aus Ober- und Untergewand sowie einem über der Schulter getragenen Tuch besteht und die rechte Schulter und den rechten Arm unbedeckt lässt.

Die Handgesten (*mudrā*) und die Körperhaltung variieren und drücken verschiedene geistige Einstellungen aus. In der Wunschgewährungsgeste (*varadamudrā*) etwa zeigt die offene Hand nach unten auf die Erde, in der Furchtlosigkeitsgeste (*abhayamudrā*) zeigt die rechte offene Handfläche zum Betrachter, und in der Geste, mit der er das Rad der Lehre in Bewegung setzt (*dharmacakrapravartanamudrā*), bildet die offene rechte Hand mit Daumen und Zeigefinger das Rad, das die linke Hand in Bewegung setzt.

Der Körper des Buddha wird in stehenden oder schreitenden, sitzenden oder liegenden Posen dargestellt, je nachdem, ob er predigt, bettelnd herumwandert, meditiert oder (im *parinirvāṇa*) ruht. Einige Skulpturen zeigen den Buddha als hungernden und völlig abgemagerten Asketen. Beliebter sind aber solche Ikonen, die den Buddha wohlgenährt und gütig lächelnd zeigen.

Rituale des Buddhismus

Der Buddha stand Ritualen wohl abwehrend gegenüber. Einmal sprach er über die Erlösung als inneres Bad. Als ihn daraufhin der Brahmane Sundarika Bhāradvāja fragte, ob er auch im Bāhukā-Fluss baden würde, weil dieser ebenfalls Befreiung gewähre, indem er die Sünden abwasche, sagte der Buddha in Versen:

Wenn in die Bāhuka, die Gaya oder
In einen andren Fluß, und wär's für immer,
Ein Törichter, der schwarze Tat getan,
Sich stürzte, würd der nicht rein; dem Schwimmer,
Was hülfe ihm die Bāhuka? Sie reinigt
Den Haßerfüllten Übeltäter nimmer.
Dem Reinen wird zum Festtag jeder Tag,
Denn ihm gelingt, was er auch wünschen mag.
Brahmane, so wirst du vom Schmutz befreit:
Gib jedem Wesen Schutz und Sicherheit!
Und lügst du nicht, beschädigst auch kein Leben
Und nimmst du nichts, was man dir nicht gegeben,
Bist du vertrauenswürdig und kein Hasser –
Warum zur Gaya gehen? Sie ist nur Wasser.
(*Vatthūpamasutta*, MN I 36 ff.; Übers. K. Schmidt, *Buddhas Reden*, S. 31)

Besonders die vedischen Tieropfer hatte der Buddha strikt als heilswidrig abgelehnt, wie er im Gespräch mit Ujjaya, einem Brahmanen, verdeutlicht, als dieser ihn fragt, ob er Opfer billige:

Nicht jedes Opfer, Brahmane, billige ich, aber ich lehne auch nicht jedes Opfer ab. Ein Opfer, Brahmane, bei dem Rinder, Schafe und Ziegen geschlachtet werden, Hühner und Schweine sterben, zahlreiche Lebewesen also den Tod erleiden, ein solches gewalttätiges Opfer lehne ich ab. [...] Ein Opfer aber, bei dem weder Rinder, Schafe und Ziegen, Hühner und Schweine geschlachtet noch viele Lebewesen getötet werden, ein solches gewaltloses Opfer billige ich, Brahmane, als andauernde Wohltätigkeit, als ein Opfer des familiären Brauchs. (*Ujjāyasutta*, AN II 42)

Der ursprüngliche Buddhismus kannte weder Tempel noch Priester. Aber schon früh, wohl noch zu Lebzeiten des Buddha, entwickelten sich zahlreiche Rituale wie etwa besondere Formen der Verehrung des Buddha oder die Weihen für die Mönche. Vor allem kamen aber Rituale hinzu, mit denen Mönche und Laienanhänger ihr Leben Erfordernissen der Umgebung und des Alltags anpassten.

Der tantrische Buddhismus, der sich ab dem 3. Jahrhundert zu entwickeln begann und als eigene Richtung ab dem 7. Jahrhundert herausbildete, machte das Ritual (*kriyā*) sogar zu einem zentralen Hilfsmittel und unterscheidet sich dadurch vom Weg der Selbsterlösung im Theravāda und dem Bodhisattva-Ideal des Mahāyāna. In dieser tantrisch-buddhistischen Richtung, dem Vajrayāna, zu der etwa der tibetische und der nepalische Newar-Buddhismus zählen, können Anhänger auch durch Rituale die Buddhaschaft erreichen.

Dabei baut das Ritual im Vajrayāna auf der mahāyānistischen Lehre von der Leere (*śūnyatā*) auf, wonach alles leer und dadurch gleich und miteinander identisch ist. Der Vajrayāna kennt dabei viele verschiedene Hilfsmittel auf dem Weg zur Erlösung, vor allem «magische» Verse und Formeln (*mantra*), Gesten, Verbildlichungen oder Ritualgegenstände wie den Donnerkeil (*vajra*). Auch bedarf es eines Lehrers oder Gurus und einer meist geheimen Initiation. Mit diesen Mitteln können Eingeweihte «magische» Fähigkeiten erlangen und zu Lehrern und Meistern mit besonderer Heil- und Wirkkraft werden. Neuere Forschungen sehen auch den Buddha teilweise als einen solchen «magischen» Meister.

Auch in den anderen Richtungen des Buddhismus haben sich Rituale mehr und mehr verbreitet. Am wichtigsten sind Andachtsformen (*pūjā*), bei denen der Buddha oder symbolisch seine Lehre mit Gebetsmühlen und Gebetsfahnen, aber auch mit unbeschrifteten Fahnen, Glocken oder Weihrauch verehrt werden. In einer solchen Pūjā-Zeremonie grüßt der Mönch, Priester oder Laie den Buddha oder einen Bodhisattva und verehrt ihn in Skulpturen oder anderen Verbildlichungen, etwa einem Mandala. Dabei rezitiert er bestimmte Texte, bittet um Vergebung etwaiger Fehler und verabschiedet sich rituell.

Viele Elemente dieser Rituale wurden aus dem Hinduismus übernommen. Das gilt auch für die lebenszyklischen Übergangsrituale, etwa die Hochzeits- oder die Toten- und Ahnenrituale, besonders aber für die Knabeninitiation, die in vielen buddhistischen Ländern als vorübergehendes Mönchstum gefeiert wird.

Der Buddha hat Götter nicht geleugnet. Er hat sie aber einer niederen Sphäre zugeordnet, wo sie nicht wie etwa im Hinduismus allmächtig sind. Aber dies hindert die Gläubigen nicht daran, auf einer unteren Ebene – ohne den Anspruch auf Erlösung – Götter um Beistand zu bitten. So wird für die große Masse der Buddhisten, der eine asketische Lebensweise und die ausgefeilten Lehren fremd sind, die hohe Lehre des Buddhas erst zugänglich.

Von besonderer Bedeutung ist die Verehrung der Mönche, die der Laie zum Beispiel mit einem neuen Gewand beschenkt und dadurch religiöses Verdienst erwirbt. Solche Verdienste können auch übertragen werden: von der Frau auf den Mann, von dem Sohn auf den Vater oder von den Lebenden auf die Ahnen. Freigebigkeit, besonders in Form von Spenden an Mönche und Klöster, ist auf diese Weise zu einer wichtigen buddhistischen Tugend geworden.

Ein zentrales Element des Buddhismus ist schließlich auch das Pilgerwesen. Namentlich die Stätten, an denen der Buddha gewirkt hat, gelten als heilige Orte: der Geburtsort Lumbini, der Bodhgayā als Ort der Erleuchtung, Sarnath als Ort der ersten Predigt oder Kushinara, der Ort, an dem der Buddha in das Nirvana eingegangen ist.

In diese Rituale mischen sich neben den hinduistischen auch volksreligiöse Elemente. Der Buddhismus übernimmt dabei Elemente dieser Religionen, für die der Buddha selbst keine deutlichen Worte hinterlassen hat, weil sie ihn auf seinem Erleuchtungsweg offensichtlich nicht besonders interessiert haben. Buddhistische Gemeinschaften gestalten sich so ihre jeweils eigenen, lokalen und regionalen Religionsformen. Wenn sich Religionen mischen, spricht man von Synkretismus oder Inklusivismus. Doch handelt es sich nach dem Oxforder Buddhologen Richard Gombrich hierbei eigentlich um Akkretismus, bei dem «Lücken» des Buddhismus durch andere Religionen gefüllt werden.

So ergänzen in Nepal hinduistische Rituale das Bedürfnis nach der Gestaltung von Übergangsritualen. In Sri Lanka füllen hinduistische Götter und Volksgottheiten das Bedürfnis nach

Buddhistische Frauen setzen im russischen Elista Gebetsmühlen in Gang.

andächtiger Hingabe und Erfüllung individueller Wünsche. In Japan können bei vielen Shinto-Schreinen, aber inzwischen auch an buddhistischen Tempeln Amulette oder Schutzzeichen gekauft werden, kleine bestickte Stoffbeutel mit schützenden Schriftzeichen für durchaus weltliche Ziele: Schwangerschaft, glückliche Ehe oder unfallfreies Autofahren.

7. Der heutige Buddha

Der Buddhismus ist in Europa spät bekannt geworden, zunächst über chinesische Quellen. In *Zedlers Universal-Lexikon* von 1733 erscheint der Buddha noch als ein Inselgott Ceylons. Selbst die indienbegeisterte Romantik äußert sich eher ablehnend über den Buddhismus. Nur vereinzelt haben sich Gelehrte mit ihm befasst, allen voran Arthur Schopenhauer (1788–1860). «Wollte ich», schrieb er in *Die Welt als Wille und Vorstellung*, «die Resultate meiner Philosophie zum Maßstabe der Wahrheit nehmen, so müßte ich dem Buddhismus den Vorzug vor anderen (Religionen) zugestehn.» Auch Friedrich Nietzsche (1844–1900) war vom Buddhismus begeistert und beeinflusste den Komponisten Richard Wagner (1813–1873) so sehr, dass dieser eine Oper zum «Siegreich-Vollendeten», wie er den Buddha nannte, plante. Vor allem aber hat Hermann Hesse (1877–1962) mit seiner Erzählung *Siddhartha* (1922) dem Buddha ein unvergleichliches Denkmal gesetzt.

Die Erforschung des Buddhismus

Im 19. Jahrhundert nahm man die Suche nach Originaltexten auf. Brian H. Hodgson (1800–1894), Britischer Gesandter am Hof in Nepal, arbeitete als einer der ersten westlichen Ausländer mit buddhistischen Texten. Im Jahr 1828 erschien sein wichtiges Werk über die Sprachen, Literaturen und Religionen Nepals und Tibets. Auch T. W. Rhys Davids (1843–1922), einer der bedeutendsten frühen Buddhismusforscher, stand während seiner Forschungsarbeit offiziell in britischen Diensten, in Galle (Sri Lanka). 1844 erschien Eugène Burnoufs *Introduction à l'histoire du Bouddhisme*, in dem erste Stellen des Pālikanons übersetzt wurden und das maßgeblich zur Darstellung des Buddhismus als bereinigter, rationaler Religion beigetragen hat. Hermann Oldenbergs *Buddha* folgte 1881.

In den deutschsprachigen Ländern fing die buddhistische Sinnsuche um die vorletzte Jahrhundertwende an. 1891 beginnt der Österreicher Karl Eugen Neumann mit der Übersetzung des Pāli-Kanons. Seine teilweise sehr freien Übertragungen haben in der deutschen Geistesgeschichte nachhaltige Spuren hinterlassen, etwa bei Thomas Mann, Hermann Hesse und Ernst Bloch. Und schon 1903 lässt sich der Geiger Anton Walter Florus Gueth (1878–1957) in Burma unter dem Ordensnamen Nyanatiloka als erster Deutscher zum buddhistischen Mönch weihen. Beide, Neumann und Nyanatiloka, haben den Buddhismus mit ihren noch heute erhältlichen Schriften in Deutschland bekannt und populär gemacht. 1920 richtete der Arzt Dr. Paul Dahlke (1865–1928) in Berlin das «Buddhistische Haus» ein, das erste buddhistische Zentrum in Deutschland. Von großem Einfluss war auch das 1948 erschienene Werk *Zen in der Kunst des Bogenschießens* des Philosophen Eugen Herrigel (1884–1955), der damit ebenso einen Grundstein für die Beliebtheit des Zen-Buddhismus legte wie der Japaner Daisetsu Teitaro Suzuki (1870–1966).

Nach der Flucht des Dalai Lama aus Tibet im März 1959 wurde der tibetische Buddhismus im Westen bekannt. Vor allem Heinrich Harrers spannender Erlebnisbericht *Sieben Jahre in Tibet* hat wesentlich dazu beigetragen; er erschien in hohen Auflagen und wurde sogar verfilmt (siehe unten).

Parallel dazu wuchs die wissenschaftliche Beschäftigung mit dem Buddhismus. Mit großangelegten Expeditionen Anfang des 20. Jahrhunderts entlang der Seidenstraße und in den Turfan-Gebieten gelangen Forschern spektakuläre archäologische Grabungs- und Textfunde. Mit der Edition und Übersetzung der Texte, allen voran durch die Pāli Text Society, gestaltete sich die Erforschung der Geschichte des Buddhismus immer besser. So konnte die Wissenschaft wiederholt allzu oberflächlichen Bildern des Buddha und des Buddhismus entgegenwirken, die sich früh im kulturellen Gedächtnis des Westens eingegraben hatten.

Heute ist der Buddhismus im Westen weit verbreitet, und längst hat sich ein weltumspannendes Netzwerk an buddhistischen Gemeinden und Gruppen mit unterschiedlichen Ideen und Bildern entwickelt. Zwar ist der Anteil der bekennenden Buddhisten in westlichen Ländern immer noch sehr gering – in Deutschland sind es nur ungefähr 350 000 –, doch passt inzwischen besonders der Buddha problemlos zum modernen Lifestyle. Prominente wie Richard Gere oder Tina Turner bekennen sich zum Buddha. Ausstellungen zu buddhistischer und speziell tibetischer Kunst sind hervorragend besucht. Reden und Schriften populärer Buddhisten wie etwa Thich Nhat Hanh oder Lama Ole Nydal erfreuen sich großer Beliebtheit und hoher Auflagen. In den Buchhandlungen sind die Regale voll von religionswissenschaftlichen und auch esoterischen Büchern zum Buddhismus. Längst hat sich der Buddhismus also zu einem Alternativangebot in Sinnfragen etabliert. Diese betreffen keineswegs nur spirituelle und meditative, sondern auch ethische und ökologische Fragen. Besonders im Hinblick auf den Weltfrieden hat der Buddhismus mit seiner großen Friedfertigkeit eine gewichtige Stimme.

Vor allem aber hat der gegenwärtig vierzehnte Dalai Lama zur Verbreitung des Buddhismus beigetragen. Neben dem Papst ist er zu einer der höchsten Autoritäten in ethischen und religiösen Fragen geworden. Die Verleihung des Friedensnobelpreises brachte diese hohe Wertschätzung zum Ausdruck.

In gewisser Hinsicht ist der Buddha mit seiner Lehre zum Gegenentwurf des Westens geworden. Das Streben nach Ruhe, die Ablehnung von Überfluss und Materialismus, die Hinwendung zum Geistigen, die Suche nach innerem Frieden – das sind Lücken in westlichen Lebensanschauungen, die der Buddhismus füllen soll.

Buddha und Buddhismus im Film und in den Neuen Medien

Durch den Film und das Internet ist der Buddha endgültig zu einer globalen Ikone geworden. Mehrere hochrangig besetzte Filme sind zu Kassenschlagern geworden. Zu den frühen Werken gehört der 1925 gedrehte Stummfilm *Die Leuchte Asiens* von Franz Osten (1875–1956). In den letzten Jahren folgten weitere wirkmächtige Filme: Clemens Kubys *Living Buddha* (1986) zeigt den tibetischen Lama Gyalwa Karmapa, der 1981 in Chicago starb und 1985 nach eigener Prophezeiung in Tibet wiedergeboren wurde. Auch in Bernardo Bertoluccis *Little Buddha* (1993) mit Keanu Reeves in der Hauptrolle wird die Lebensgeschichte eines amerikanischen Jungen als Inkarnation eines Lamas erzählt; Martin Scorseses Film *Kundun* (1997) zeigt die Flucht des vierzehnten Dalai Lama aus Tibet. Jean-Jacques Annauds *Sieben Jahre in Tibet* (1997) mit Brad Pitt ist die Verfilmung vom Heinrich Harrers gleichnamigem Bericht.

Das Internet bietet eine nicht mehr überschaubare Angebotspalette zum Thema Buddha und Buddhismus. Das reicht vom Verkauf von Buddha-Skulpturen bis zu der Möglichkeit, nach buddhistischen Lebenspartnern zu suchen. Darüber hinaus bietet das Internet aber auch eine Fülle von sinnvollen Informationen (siehe Literaturverzeichnis). Überdies hat sich eine Art Cybersangha gebildet, in dem verschiedene Anhänger des Buddha eine eigene Gemeinde bilden und sich vielfältig vernetzen. Ob das Internet als buddhistisches Medium zu verstehen ist, weil es selbst gestaltet werden kann und keine absolute Autorität kennt, sei dahingestellt. Hans Magnus Enzensberger hat einmal das Fernsehen als ein Nullmedium und eine buddhistische Maschine bezeichnet, dessen Botschaft im Grunde nur die Leere sei. Das war ein schönes Bonmot.

Doch hilft im Umgang mit den neuen Medien vor allem eine buddhistische Tugend: Achtsamkeit üben und nicht anhaften.

Abkürzungen

AN	Aṅguttaranikāya
BC	Buddhacarita
DN	Dīghanikāya
LV	Lalitavistara
Mil	Milindapañha
MN	Majjhimanikāya
MV	Mahāvastu
NK	Nidānakathā
P.	Pāli
PTS	Pāli Text Society, London.
Skt.	Sanskrit
SN	Saṃyuttanikāya
Sn	Suttanipāta
Ud	Udāna
Uv	Udānavarga
Vin	Vinayapiṭaka

Zur Aussprache indischer Wörter

Allgemein bekannte Begriffe und Namen von Göttern, Heiligtümern, Städten und Personen der neueren Geschichte schreibe ich meist in ihrer anglisierten Form, indische Begriffe hingegen in der international üblichen Transkription der Sanskrit- beziehungsweise Pāli-Sprache. Diese an der Devanāgarī-Schrift ausgerichtete Umschrift ermöglicht eine präzise Aussprache. Dabei sind zwei grundlegende Regeln zu beachten:

1. Ein Strich über einem Vokal bedeutet dessen Länge, und *e* sowie *o* sind immer lang.
2. Ein *s* wird artikuliert wie deutsch *sch*, wenn es mit einem Zusatzzeichen versehen ist: *śāstra* wie *schāstra* und *mokṣa* wie *mokscha*.

Darüber hinaus gelten folgende Ausspracheregeln:

c wie englisch *ch* (z. B. in *church*)
j wie deutsch *dsch* (Dschungel)
y wie deutsch *j*: *yogi* (Jogi)
v wie deutsch *w*: Viṣṇu (Wischnu).

Ein Punkt unter einem Konsonanten bezeichnet die Aussprache mit zurückgebogener Zunge (gesprochen, als ob man eine heiße Kartoffel im Mund hat). Ein Punkt oder die Tilde über einem N (ṅ, *ñ*) und ein Punkt unter einem N (*ṇ*) kennzeichnen die dem nachfolgenden Konsonanten angepasste Nasalierung (vgl. deutsch «Ende» und «Enge»); ein Punkt unter einem auslautenden M (*ṃ*) nasaliert den vorhergehenden Vokal. Ein *h* hinter einem Konsonanten ist ein den Konsonanten deutlich verstärkender Hauchlaut (vgl. deutsch «Tee», gesprochen wie T[h]ee).

Literatur

I. Quellen

Bei buddhistischen Texten wird in der Regel der Pāli-Kanon nach den Ausgaben der Pāli Text Society (London) zugrunde gelegt. Sofern deutschsprachige Übersetzungen übernommen wurden, sind diese bei den Zitaten in Klammern angeführt. Alle Texte des Pāli-Kanons werden nach Band (römisch) und Seite zitiert; Sn, DhP und Uv nach Verszahl.

Aṅguttaranikāya: hrsg. von R. Morris, E. Hardy, 5 Bde., London 1885–1900, London 1910 (PTS).
Dt.: Karl Eugen Neumann: Die Reden des Buddha. Längere Sammlung, Stammbach 1996.
Engl.: The Book of Gradual Sayings, übers. von F. L. Woodward und E. M. Hare, London 1932–36 (PTS).

Buddhacarita: Life of the Buddha by Ashvaghosha, hrsg. und übers. von P. Olivelle, New York 2008.

Dhammapada: hrsg. von O. von Hinüber und K. R. Norman, London 1994 (PTS).
Dt.: R. O. Franke: Dhamma-Worte. Dhammapda des südbuddhistischen Kanons, Jena 1923.

Dīghanikāya: hrsg. von T. W. Rhys Davids, J. E. Carpenter, 3 Bde., London 1889–1910, 2006–07 (PTS).
Dt.: Dighanikaya, in Auswahl übers. von R. O. Franke, Göttingen 1913.
Engl.: Dialogues of the Buddha, übers. v. T. W. und C. A. F. Rhys Davids, London 1899–1921 (PTS).

Lalitavistara: hrsg. von S. Lefmann, Halle 1902.
Dt. (Auszüge): E. Waldschmidt: Die Legende vom Leben des Buddha, Berlin 1929 und Graz 1981.

Majjhimanikāya: hrsg. von V. Treckner, R. Chalmers, 3 Bde., London 1888–1899 (PTS).
Dt.: K. E. Neumann: Die Reden Gotamo Buddhas aus der Mittleren Sammlung, München/Zürich 1987 und K. Schmidt: Buddhas Reden. Majjhimanikaya. Sammlung der mittleren Texte des Pāli-Kanons, Berlin 1978 ([1]1961).
Engl.: Middle Length Sayings, übers. von I. B. Horner, 3 Bde., London 1954–59 (PTS).

Milindapañha: hrsg. von V. Trenckner, London 1880.
Dt.: Die Fragen des Königs Milinda, übers. von Nyanatiloka, Interlaken 1985.

Pratītyasamutpādasūtra: in E. Frauwallner, Philosophie des Buddhismus (siehe unten).
Nidānakathā (= Einführung zu den Jātakas): hrsg. von V. Fausbøll, London 1877–1896 (PTS).
Engl.: Einleitung zu Buddhist Birth Stories, übers. von T. W. Rhys Davids, London 1925 (PTS).
Samyuttanikāya: hrsg. von L. Feer, 5 Bde., London 1884–1898 (PTS).
Engl.: The Book of the Kindred Saying, übers. von C. A. F. Rhys Davids and F. L. Woodward, London 1917–1930 (PTS).
Suttanipāta: hrsg. von D. Andersen und H. Smith, London 1913 (PTS).
Engl.: The Group of Discourses, übers. von K. R. Norman, London 2001 (PTS).
Udāna: hrsg. von P. Steinthal, London 1885 (PTS).
Engl.: The Udāna, übers. von P. Masefield, London 1994 (PTS).
Udānavarga: hrsg. von F. Bernhard, Göttingen 1965.
Dt.: Michael Hahn: Vom rechten Leben. Buddhistische Lehren aus Indien und Tibet, Frankfurt a. M./Leipzig 2007 .
Vinayapiṭaka: hrsg. von H. Oldenberg, 5 Bde., London 1879–1883 (PTS).
Engl.: The Book of the Discipline, übers. von I. B. Horner, 6 Bde., London 1938–1966 (PTS).

2. Anthologien

Frauwallner, Erich: Die Philosophie des Buddhismus, Berlin [5]2010.
Mehlig, Johannes: Weisheit des alten Indien, Bd. 2: Buddhistische Texte, München 1987.
Mylius, Klaus: Gautama Buddha. Die vier edlen Wahrheiten. Texte des ursprünglichen Buddhismus, München 1985.
Nyanatiloka: Das Wort des Buddha. Eine systematische Übersicht der Lehre des Buddha in seinen eigenen Worten, Konstanz [4]1978.
Oldenberg, Hermann: Reden des Buddha. Lehre, Verse, Erzählungen, Freiburg/Basel/Wien 1993.
Seidenstücker, Karl: Pāli-Buddhismus in Übersetzungen, München [2]1923.
Waldschmidt, Ernst: Die Legende vom Leben des Buddha, Berlin 1929 (Nachdruck Hamburg 1991).
Walpola, Rahula: Was der Buddha lehrt, Zürich 1963.

3. Literatur zum historischen Buddha

Bareau, André: Recherches sur la biographie du Buddha dans les Sūtrapiṭaka et Vinayapiṭaka anciens, Paris 1995.
– u. a.: Die Religionen Indiens. Bd. III: Buddhismus, Jinismus, Primitivvölker, Stuttgart u. a. 1964.
Bechert, Heinz: Der Buddhismus I, Stuttgart/Berlin/Köln 2000.
– / Richard Gombrich (Hrsg.): Der Buddhismus – Geschichte und Gegenwart, München 1989.

Burnouf, Eugène: Introduction à l'histoire du Bouddhisme indien, Paris 1844; Engl. Übersetzung: Introduction to the History of Indian Buddhism, Chicago 2010.

Conze, Edward: Der Buddhismus. Wesen und Entwicklung, Stuttgart u. a. ^{8}1986.

Frauwallner, Erich: Geschichte der indischen Philosophie, Bd. I, Salzburg 1953.

Gombrich, Richard: Theravāda Buddhism. A Social History from Ancient Benares to Modern Colombo, London/New York 1988 (dt. Der Theravada-Buddhismus. Vom alten Indien bis zum modernen Sri Lanka, Stuttgart 1996).

Hirakawa, Akiro: A History of Indian Buddhism. From Śākyamuni to Early Mahāyāna, Honululu 1990.

Klimkeit, Hans-Joachim: Buddha. Leben und Lehre, Stuttgart 1990.

Lamotte, Étienne: History of Indian Buddhism: From the Origins to the Śaka Era, Paris 1988 (frz. Paris ^{1}1958).

Oldenberg, Hermann: Buddha. Sein Leben, seine Lehre, seine Gemeinde, Stuttgart ^{13}1959 (^{1}1881).

Schlingloff, Dieter: Die Religion des Buddhismus, 2 Bde., Berlin 1962–63.

Schumann, Hans-Wolfgang: Der historische Buddha. Leben und Lehre des Gotama, München ^{3}1990.

Senart, Emile: Essai sur la légende du Bouddha, Paris ^{2}1882.

Thomas, Edward Joseph: The Life of the Buddha as Legend and History, London/New York ^{6}1960 (^{1}1933).

Zotz, Volker: Buddha, Reinbek ^{7}2005.

4. Einzelstudien

Bechert, Heinz: Die Lebenszeit des Buddha – das älteste feststehende Datum der indischen Geschichte?, Göttingen 1986.

– (Hrsg.): The Dating of the Historical Buddha / Die Datierung des historischen Buddha, Göttingen 1991.

Bronkhorst, Johannes: Greater Magadha. Studies in the Culture of Early India, Leiden 2007.

Conze, Edward: Der Buddhismus, Stuttgart ^{8}1986.

Harrison, Paul: «Searching for the Origins of the Mahāyāna: What are we looking for?», in: The Eastern Buddhist, N.S., Bd. 28 (1995), S. 48–69.

Hinüber, Oskar von: «Die älteste Literatursprache des Buddhismus», in: Saeculum, Bd. 34.1 (1983), S. 1–10.

–: The Oldest Pāli Manuscript. Four Folios of the Vinayapiṭaka from the National Archives, Kathmandu, Mainz 1991.

–: «The cause of the Buddha's death: the last meal of the Buddha. A note on sūkaramaddava», in: Journal of the Pāli Text Society, Bd. 26 (2000), S. 105–117.

–: «Hoary past and hazy memory. On the history of early Buddhist texts», in: Journal of the International Association of Buddhist Studies, Bd. 9 (2008), S. 193–210.

Oberlies, Thomas: «Heilige Schriften des Buddhismus», in: U. Tworuschka (Hrsg.), Heilige Schriften, Darmstadt 2000, S. 167–196.

Penner, Hans H.: Rediscovering the Buddha. Legends of the Buddha and Their Interpretation, Oxford 2009.

Schlingloff, Dieter: «Die Meditation unter dem Jambu-Baum», in: Wiener Zeitschrift für die Kunde Südasiens, Bd. 31 (1987), S. 111–130.

Schmithausen, Lambert: «Ich und Erlösung im Buddhismus», in: Zeitschrift für Missionswissenschaft und Religionswissenschaft, Bd. 53 (1969), S. 157–170.

–: «Die vier Konzentrationen der Aufmerksamkeit. Zur geschichtlichen Entwicklung einer spirituellen Praxis des Buddhismus», in: Zeitschrift für Missionswissenschaft und Religionswissenschaft, Bd. 60 (1976), S. 241–266.

–: «Zur zwölfgliedrigen Formel des Entstehens in Abhängigkeit», in: Hōrin, Bd. 7 (2000), S. 41–76.

–: «Gleichmut und Mitgefühl. Zu Spiritualität und Heilsziel des älteren Buddhismus», in: Andreas Bsteh (Hrsg.), Der Buddhismus als Anfrage an christliche Theologie und Philosophie, Mödling 2000, S. 119–136.

–: «Zum Problem der Gewalt im Buddhismus», in: A.Th. Khoury et al. (Hrsg.), Krieg und Gewalt in den Weltreligionen, Freiburg/Basel/Wien 2003, S. 83–98 u. 133–138.

Schumann, Hans Wolfgang: Buddhabildnisse. Ihre Symbolik und Geschichte, Heidelberg/Leimen ²2003.

Silk, Jonathan: «What, if anything, is Mahāyāna Buddhism? Problems of definitions and classifications», in: Numen, Bd. 49 (2002), S. 355–405.

Vetter, Tilmann: The Ideas and Meditative Practices of Early Buddhism, Leiden 1988.

Witzel, Michael: «Moving Targets? Texts, language, archaeology and history in the Late Vedic and Early Buddhist periods», in: Indo-Iranian Journal, Bd. 52 (2009), S. 287–310.

5. Internet

Im Internet können viele Originaltexte nebst Übersetzungen gefunden werden, so in der Pāli Canon Online Database (www.chaf.lib.latrobe.edu.au/dcd/pali.htm) oder unter www.palikanon.com beziehungsweise www.tipitaka.org/ und unter Sacred Texts/Buddhism (www.sacred-texts.com/bud/index.htm). Informationen zur Geschichte, Philosophie, Religion, Literatur und Kultur des Buddhismus bieten zahlreiche Websites, allen voran www.buddhanet.net/, die Buddhist Studies WWW Virtual Library (www.ciolek.com/WWWVL-Buddhism.html), Alois Payers Materialien zum Buddhismus (www.payer.de/budlink.htm), der Web Guide to Buddhist Studies (www.uni-giessen.de/~gk1415/buddhiststudies.htm) oder die Links zu buddhistischen

Websites von der Zentrale für Unterrichtsmedien (www.zum.de/Faecher/Materialien/sonn). Nützlich sind auch die veröffentlichten Vorträge des Zentrums für Buddhismuskunde der Universität Hamburg (www.buddhismuskunde.uni-hamburg.de/Publikationen.40.0.html), die Encyclopedia of Indian Philosophy (http://faculty.washington.edu/kpotter/) für bibliographische Hinweise oder der Virtual Religion Index der Rutgers University (http://virtualreligion.net/vri/buddha.html).

Bildnachweis

Seite 27: Aus: H. W. Schumann, Buddhabildnisse, Heidelberg 2003, S. 32 / *Seite 37:* Aus: ebd., S. 39 / *Seite 42:* Aus: G. Mandel-Khan, Buddha, Mailand 2000, S. 90 / *Seite 92:* Aus: H. W. Schumann, Buddhabildnisse, S. 46 / *Seite 102:* Aus: G. Mandel-Khan, Buddha, S. 96 / Seite 103: Aus: ebd., S. 91 / *Seite 107:* Aus: Metzler Lexikon Religion, hg. v. C. Auffarth, J. Benad, H. Mohr, Bd. 1, Stuttgart 1999, S. 445

Glossar

Abhidharma: Texte der Scholastik und Metaphysik, → *tripiṭaka.*
Achtfacher Pfad: Lehre des Buddha zur Aufhebung des Leids.
Ānanda: Vetter und angeblicher Lieblingsschüler des Buddha.
anātman: «Nichtselbst», Schlüsselbegriff der Lehre, wonach kein Wesen ein beständiges, unveränderliches Selbst (*ātman*) besitzt.
arhat: «Erwürdiger», Bezeichnung für den Buddha und Heilige, die die Erleuchtung nicht selbst gefunden haben.
Ashoka: Herrscher (268-236 oder 232 v. Chr.) über ein Großreich und Verbreiter der buddhistischen Lehre.
ātman: «Selbst, Seele», → *anātman*
bhikṣu: «Bettelmönch/ Bettelnonne», vollordiniertes Mitglied eines Ordens.
bodhi: «Erwachen, Erleuchtung».
bodhisattva: «Erleuchtungswesen»; im → Theravāda der Buddha vor seiner Erleuchtung, im → Mahāyāna Bezeichnung für Wesen, die die Erleuchtung erlangt haben, aber aus Mitleid für die Nichterleuchteten auf den Eingang ins → Nirvana verzichten.
Brahmane: Angehöriger des Priesterstands.
Buddha: «Erwachter», Bezeichnung für den historischen → Gautama und andere Erleuchtete.
dharma: Lehre Buddhas, Weltgesetz, sittliche Norm, Manifestationen der Wirklichkeit; im Hīnayāna auch psychische und physische Daseinsfaktoren der empirischen Welt ,→ *skandha*
Drei Juwelen: → *triratna*
duḥkha: «Leid», eines der drei Merkmale des Seins (neben → *anātman* und → *anitya*).
Gautama: Name des historischen Buddha.
Hīnayāna: «Kleines Fahrzeug», Bezeichnung des älteren südlichen, am → *arhat*-Mönchsideal orientierten Buddhismus; möglicherweise von → Mahāyāna-Anhängern abwertend verwendet.
Jātaka: «Vorgeburtsgeschichte» eines Buddha.
Kapilavastu: Hauptstadt der Shākyas in Südnepal.
karma: «Tat, Handlung»; Begriff für geistige und körperliche Handlungen, für die ein Individuum die Konsequenzen trägt.
Kāshyapa: auch Mahākāshyapa, einer der Hauptschüler des Buddha, Vertreter strengerer Ordensregeln; nicht zu verwechseln mit Urubilvā-Kāshyapa, einem der ersten Schüler des Buddha.
Koshala: Nordindisches Reich.
Kushinagara: Ort des Todes und → *parinirvāṇas* des Buddha.

Lumbinī: Geburtsort des Buddha.
Magadha: Königreich im Nordosten Indiens zur Zeit des Buddha.
Mahākāshyapa: → Kāshyapa
Mahāyāna: «Großes Fahrzeug»; Richtung des Buddhismus, in der u. a. der → Bodhisattva im Mittelpunkt steht.
Maṇḍala: «Kreis»; Bezeichnung für psycho-kosmisches Diagramm zur Meditationshilfe.
Māra: Widersacher des Buddha.
Māyā: Mutter des Buddha.
Nirvana: «Verwehen, Erlöschen» der zur Wiedergeburt und zu Leid führenden Triebkräfte, Erleuchtung.
Pāli: Mittelindische Sprache des → Theravādakanons.
Pāli-Kanon: Kanon der in → Pāli verfassten Lehrreden und Schriften der Theravāda-Schule.
parinirvāṇa: «Vollständiges Verwehen, Erwachen» im Tod.
Rāhula: Sohn des Buddha.
Rājagriha: Hauptstadt von → Magadha.
saṃskāra: «Gestaltungskräfte», die zu → *karma* führen.
saṅgha: Buddhistische «Gemeinde», Orden.
Sarnath: Stätte der ersten Predigt des Buddha.
Shākya: Nordindisches Fürstengeschlecht, dem der Buddha entstammt.
Shākyamuni: «Der Weise der → Shākyas», der historische Buddha.
Shāriputra: Einer der Hauptschüler des Buddha.
Shuddhodana: Vater des Buddha.
Siddhārtha: «Der das Ziel erreicht hat», Bezeichnung für den Buddha.
skandha: «Anhäufung, Gruppe»; die fünf empirischen Merkmale eines Menschen.
stūpa: Halbkugelförmige Kuppelbauten, teilweise mit Reliquien des Buddha.
sūtra: «Lehrrede», besonders des Buddha, → *tripiṭaka.*
tantra: Texte hauptsächlich des → Vajrayāna.
Tathāgata: «Der So-Gegangene» (oder «So-Gekommene»); (Selbst-)Bezeichnung des Buddha.
Theravāda: «Lehre der Älteren»; die südliche Tradition des Buddhismus, die sich hauptsächlich auf den → Pāli-Kanon stützt, auch Pāli-Name für die Sthaviravāda-Tradition.
tripiṭaka: «Dreikorb»; drei Gruppen von Texten, in die die Lehre des Buddha traditionell unterteilt wird: → *sūtra*, → *vinaya* und → *abhidharma.*
triratna: «Drei Juwelen»: Buddha, Lehre (*dharma*) und Gemeinde (*saṅgha*).
Tushita: Himmel, in dem der Buddha seine vorletzte Existenz verbrachte.
Vaishali: Hauptstadt des nordindischen Licchavi-Reiches.
Vajrayāna: «Diamant-Fahrzeug»; tantrische Richtung des Buddhismus.
Vinaya: Ordensdisziplin, → *tripiṭaka.*
Vinayapiṭaka: «Korb der Disziplin», Teil des Dreikorbs (→ *tripiṭaka*), in dem die Ordensregeln erfasst sind.
Yashodharā: Frau des Prinzen Siddhārtha, des späteren Buddha.

Sanskrit-Pāli-Konkordanz

Abhidharmapiṭaka – Abhidhammapiṭaka
anātman – anattā
anitya – anicca
anusmṛti – anussati
Ārāda Kālāma – Ālāra Kālāma
arhat – arahant
āryāṣṭaṅgamārga – arīya – aṭṭhaṅgikamagga
ātman – attā
bhikṣu – bhikkhu
Chandaka – Channa
dharma – dhamma
dharmacakra – dhammacakka
dhyāna – jhāna,
duḥkha – dukkha
Kapilavastu – Kapilavatthu
Kāśyapa – Kassapa
Kuśinagara – Kusinārā
madhyamā pratipad – majjhimā paṭipadā
Mahākāśyapa – Mahākassapa
Mahāparinirvānasūtra – Mahāparinibbānasutta
Mahāprajāpatī Gautamī – Mahāpajāpatī Gotamī
maitrī – mettā
Maudgalyāyana – Mogallāna
nirvāṇa – nibbāna
Pāṭaliputra – Pāṭaliputta
prajñā – paññā
Prasenajit – Pasenadi
Prātimokṣa – Pātimokkha
Prātimokṣasūtra – Pātimokkhasutta
pratītyasamyutpāda – paṭiccasamuppāda
pratyekabuddha – paccekabuddha
pravrajyā – pabbajā
Priyadarśin – Piyadassi
puruṣa – purisa
Rājagṛha – Rājagaha
Ṛṣipatana – Isipatana
Śākya – Sākiya oder Sakka

śamatha – samatha
saṃjnā – saññā
saṃskāra – saṅkhāra
Śāriputra – Sāriputta
sattva – satta
Siddhārtha – Siddhattha
skandha – khandha
smṛtisaṃprajanya – satisampajañña
smṛtyupasthāna – satipaṭṭhāna
Śrāvastī – Sāvatthi
Śuddhodana – Suddhodana
sūtra – sutta
Sūtrapiṭaka – Suttapiṭaka
Trapuṣa – Tapussa
tripiṭaka – tipiṭaka
tṛṣṇā – taṇhā
Udraka Rāmaputra – Uddaka Rāmaputta
upekṣā – upekkhā
Urubilvā – Uruvelā
Urubilvā–Kāśyapa – Uruvela–Kassapa
Vaiśālī – Vesālī
vijñāna – viññāṇa
vipaśyanā – vipassanā

Register

C.H.BECK WISSEN

in der Beck'schen Reihe

Zuletzt erschienen:

2429: Schieder, **Der italienische Faschismus**
2446: Baier, **Geschichte der römischen Literatur**
2451: Hochgeschwender, **Der amerikanische Bürgerkrieg**
2481: Kreiser, **Geschichte Istanbuls**
2482: Popplow, **Technik im Mittelalter**
2483: Recker, **Konrad Adenauer**
2484: Siemann, **Metternich**
2485: Engels, **Die Sieben Weisen**
2486: Greiner, **Die Kuba-Krise**
2487: Duchhardt, **Freiherr vom Stein**
2489: Floros, **Gustav Mahler**
2490: Dittelbach, **Geschichte Siziliens**
2491: Coulmas, **Hiroshima**
2492: Schieffer, **Papst Gregor VII.**
2493: Schmid, **Lew Tolstoi**
2494: Hoerder, **Geschichte der deutschen Migration**
2496: Seidensticker, **Das antike Theater**
2497: Häfner, **Schizophrenie**
2498: Gemeinhardt, **Die Heiligen**
2499: Leppin, **Geschichte der christlichen Kirchen**
2507: Büttner, **Philipp Otto Runge**
2510: zur Capellen, **Raffael**
2511: Büttner, **Vermeer**
2513: Bätschmann, **Hans Holbein d. J.**
2559: Zimmermann, **Die Kunst des 19. Jahrhunderts**
2561: Ursprung, **Die Kunst der Gegenwart**
2603: Stöver, **Geschichte Berlins**
2611: Clemens/Franz, **Geschichte von Rheinland-Pfalz**
2616: Raßloff, **Geschichte Thüringens**
2701: Plumpe, **Wirtschaftskrisen**
2703: Rinke, **Geschichte Lateinamerikas**
2704: Füssel, **Der Siebenjährige Krieg**
2705: Will, **Die Perserkriege**
2706: Haarmann, **Die Indoeuropäer**